suhrkamp taschenbuch
wissenschaft 2109

Der Begriff des Guten ist untrennbar verbunden mit dem Begriff des Lebens bzw. der Lebensform. Etwas als »gut« zu bewerten – sei es den Duft einer Blume oder die Handlung eines Menschen –, folgt dabei einem allgemeinen »Muster natürlicher Normativität«: »Gut« ist, was für die Mitglieder einer Spezies – ob Pflanze, Tier oder Mensch – lebensnotwendig ist. Mit *Die Natur des Guten* gelingt Philippa Foot der eindrucksvolle Entwurf einer naturalistischen Ethik und ein souveränes Resümee ihrer lebenslangen Bemühungen um ein angemessenes Verständnis des Zusammenhangs von Tugend und Glück. Ein Klassiker der modernen Moralphilosophie.

Philippa Foot (1920-2010) war zuletzt Griffin Professor emeritus für Philosophie an der Universität von Kalifornien in Los Angeles.

Philippa Foot

Die Natur des Guten

Übersetzt
von Michael Reuter

Suhrkamp

Titel der Originalausgabe: *Natural Goodness*
Erstmals erschienen 2001 bei Oxford University Press.
Die Übersetzung erscheint
mit freundlicher Genehmigung von Oxford University Press.

2. Auflage 2025

Erste Auflage 2014
suhrkamp taschenbuch wissenschaft 2109

Umschlag nach Entwürfen
von Willy Fleckhaus und Rolf Staudt
Satz: Memminger MedienCentrum
Druck und Bindung: C. H. Beck, Nördlingen
Printed in Germany
ISBN 978-3-518-29709-4

Suhrkamp Verlag AG
Torstraße 44, 10119 Berlin
info@suhrkamp.de
www.suhrkamp.de

In memoriam Warren Quinn

Wahrlich der Mensch ist ein seltsam wahnhaftes, widersprüchliches, hin und her schwankendes Wesen! Es fällt schwer, ein gleichbleibendes und einheitliches Urteil darauf zu gründen.

(Montaigne, *Essais* I 1)

Man kann alle Moralphilosophie ebensogut auf ein niedriges und namenloses wie auf ein reicher ausgestattetes Leben gründen: Jeder Mensch trägt die ganze Gestalt des Menschseins in sich.

(Montaigne, *Essais* III 2)

Inhaltsverzeichnis

Vorwort zur deutschen Ausgabe

Gerne schreibe ich dieses Vorwort für mein kleines Buch, das im Original *Natural Goodness* heißt. Denn ich hoffe, so in einen stärkeren Austausch mit Studenten im deutschsprachigen Raum zu treten. Während der zweiten Hälfte des letzten Jahrhunderts gab es kaum einen echten Kontakt zwischen uns – fast nur höflichen Tourismus. Ganz im Gegensatz dazu konnte ich in letzter Zeit gewinnbringende Diskussionen mit jungen Philosophen aus Deutschland führen, wie z. B. mit Michael Reuter, meinem Übersetzer, der das Buch gründlich verstanden hat und sogar mir selbst half, es besser zu verstehen!

Trotzdem fürchte ich, daß das, was ich geschrieben habe, vielen deutschen Studenten immer noch fremd vorkommt. Ich will also ein wenig zum Hintergrund sagen, vor dem ich schrieb – in der Hoffnung, das könne eine Hilfe sein.

Hauptsächlich muß man wissen, daß ich gegen eine Auffassung moralischen Urteilens rebelliert habe (und es nach wie vor tue), die in den letzten fünfzig Jahren scheinbar unanfechtbar geworden ist und von den meisten Moralphilosophen in der englischsprachigen Welt immer noch für selbstverständlich gehalten wird.

Worin besteht diese Auffassung? Sie besagt, daß einer, der bestimmte Handlungen für richtig oder falsch bzw. bestimmte Subjekte für gut oder böse erklärt, sich nur ausdrücken kann, wenn er sich einer Sprache bedient, die *eine besondere Funktion* hat. Indem er solche Urteile fällt, würde er nicht irgend etwas in der Welt *beschreiben*, sondern etwas davon Verschiedenes tun: Manche Philosophen sagen, er würde *Gefühle oder Einstellungen* in bezug auf Handlungen und Personen *ausdrücken*, andere, er würde diese Handlungen bzw. Haltungen *vorschreiben oder befehlen* usw. (Es war kein Zufall, daß diese Auffassung von einem ihrer Gegner die ›*boo-hurrah theory of ethics*‹ genannt wurde.)

Die Schwierigkeit war natürlich, daß moralisches Urteilen durch solche Deutungen radikal subjektiv geworden war. Es hatte sich nämlich eine logische Kluft aufgetan zwischen ›Tatsachen‹ einerseits, wie z. B., daß jemand entführt, gefoltert oder getötet worden war, und der Einstellung, die jeder einzelne Sprecher bzw. jede beliebige Gruppe von Sprechern *zufälligerweise* zu diesen Vorkommnissen einnehmen könnte. Sofern auf Konsistenz geachtet wurde, konnten selbst moralische Urteile aufrechterhalten werden, die ganz offensichtlich anstößig waren.

Ich selbst habe lange Zeit Zweifel an dieser vermeintlichen Kluft zwischen Sprache mit neutraler (›deskriptiver‹) Bedeutung und den vermeintlich aktiven (›evaluativen‹) Ausdrücken gehegt; und ich habe über viele Jahre hinweg mit Richard Hare im Streit gelegen, dessen Unterscheidung von deskriptiver und präskriptiver Sprache meinen Angriffen ein bewundernswert präzises Ziel geboten hatte. Meine Zweifel kristallisierten bei folgender Gelegenheit: Ich gab meiner Kollegin in Oxford, Elizabeth Anscombe, zu bedenken, daß eine bestimmte Behauptung eine Mischung aus deskriptiver und evaluativer Bedeutung enthalten müsse; mein Vorschlag traf bei ihr auf solch ein echtes skeptisches Unverständnis, daß mir auf einen Schlag klar wurde: Man war überhaupt nicht *gezwungen*, diese oder eine ähnliche Unterscheidung als selbstverständlich anzusehen.

Das vorliegende Buch, ungefähr fünfzig Jahre später veröffentlicht, verdankt vieles dieser besonderen Begegnung und vielen anderen Gesprächen mit Anscombe sowie den Schriften ihres Gatten Peter Geach. Wenn ich lange Zeit gebraucht habe, dorthin zu gelangen, wo ich nun stehe, so deshalb: Zwar sah ich, daß G. E. Moore recht hatte, als er (bereits 1903) sagte, es sei ein radikaler Unterschied, ob man etwas z. B. ›rot‹ nennt oder ob man es ›gut‹ nennt; doch beim besten Willen konnte ich mir nicht ausdenken, worin dieser Unterschied bestand. Schließlich kam ich (während der 1980er und 1990er) mit der Hilfe von Kollegen und Doktoranden der philosophischen Fakultät der University of California in Los Angeles zu der Auffassung, daß es unmöglich war, das ›Besondere‹ an der Idee des Guten zu erklären, ohne daß man über die besondere Art und Weise nachdenkt, wie wir die Welt der *Lebewesen* beschreiben.

Mir ist bewußt, daß diese Auffassung seltsam erscheinen könnte, doch ich bin heute davon überzeugt, daß sie richtig ist. Ich denke, daß Zuschreibungen von »gut« ausnahmslos auf die Welt der Lebewesen, also auf Pflanzen, Tiere und Menschen, bezogen sind und daß die Vorstellung von gut und schlecht ohne den Begriff des *Lebens* inhaltsleer wäre. In einem Universum, in dem es keine Lebensformen gäbe, wäre nichts entweder gut oder schlecht, und man kann nur annehmen, etwas in diesem unfruchtbaren Universum sei gut (oder auf irgendeine Weise wertvoll), wenn man sich stillschweigend auf etwas bezieht, das es in unserem Universum gibt bzw. geben könnte. In Wirklichkeit sprechen wir manchmal davon, daß etwas *bei* bestimmten Arten von Lebewesen gut ist, wie z.B. kräftige Wurzeln bei Eichen oder Schnelligkeit bei Fluchttieren. Und wir können auch davon sprechen, was *bezogen auf* bestimmte Arten von Lebewesen gut ist, wie z.B. besondere Nistplätze für Vögel. Und selbstverständlich ist unser Bezugspunkt oft das menschliche Leben, oder wir beziehen uns auf einzelne Menschen mit besonderen Bedürfnissen oder Interessen. Die Moralphilosophie, so will ich sagen, ist nichts anderes als ein Zweig einer Untersuchung des Guten, das in einer besonderen und allgemeinen Weise zum menschlichen Leben gehört.

März 2004 Philippa Foot

Vorwort

Ich habe viele Jahre an diesem Buch gearbeitet und großen Gewinn aus Diskussionen mit Kollegen gezogen, vor allem in Oxford und an der UCLA, aber auch an vielen anderen Universitäten. Wenn ich hier die Argumente anderer wiederholt habe, ohne sie als solche zu kennzeichnen, werden diese hoffentlich mein schlechtes Gedächtnis dafür verantwortlich machen und mir nicht berufsmäßigen Diebstahl vorwerfen.

Es ist kein Geheimnis, daß ich das meiste dem Werk von Elizabeth Anscombe und frühen Diskussionen mit ihr verdanke. Besonderen Dank schulde ich aber auch Christopher Coope, Peter Conradi und Michael Thompson, die einen ersten Gesamtentwurf des Buches lasen und mir wundervolle Kommentare zukommen ließen. Auch Anselm Müller hat manche Kapitel für mich gelesen und mir sehr geholfen; und ich hatte viele gute Diskussionen mit John Campbell, Rosalind Hursthouse und Gavin Lawrence.

Schließlich bin ich Peter Momtchiloff von Oxford University Press außerordentlich dankbar für seine unermüdliche Ermunterung und Geduld, ebenso wie Angela Blackburn, deren redaktionelle Betreuung mich vor vielen Fehlern bewahrt hat.

Oxford, im Mai 2000 PRF

Einleitung

Wovon handelt dieses Buch? Es ist ein *moral*philosophisches Buch. Das bedeutet: Wir müssen richtig und falsch sowie Tugend und Laster behandeln – die herkömmlichen Gegenstände des moralischen Urteils. Als ein *philosophisches* Buch beschäftigt es sich allerdings ausschließlich mit einer eigentümlichen Art von Fragen zu diesen Gegenständen, die sich vielleicht am besten durch Beispiele kennzeichnen läßt oder durch das besondere Unbehagen, das uns beschleicht, wenn Beispiele dieser Art auftauchen.[1] Wittgenstein schrieb von einem Empfinden, sich nicht auszukennen, und sagte: »Es ist uns, als sollten wir ein zerstörtes Spinnennetz mit unseren Fingern in Ordnung bringen.«[2] Beim Thema Philosophie im allgemeinen und Wittgensteins Philosophie im besonderen ergreife ich gern die Gelegenheit, einen Ratschlag weiterzugeben, den ich mir während der Abfassung dieses Buches ständig vor Augen gehalten habe und den, wie ich mich erinnere, Wittgenstein bei einer der beiden Gelegenheiten gab, als er an einer öffentlichen Diskussion in Oxford teilnahm. Wittgenstein unterbrach einen Sprecher, dem bewußt wurde, daß er im Begriff war, etwas zu sagen, das – obwohl es zwingend schien – eindeutig lächerlich war, und der sich bemühte (wie wir es alle in solchen Situationen tun), statt dessen etwas Vernünftiges zu sagen. »Nein«, sagte Wittgenstein. »Sagen Sie, was Sie sagen *wollen*. Seien Sie mal *rabiat*; nur so kommen wir weiter.« Wie mir scheint, ein sehr hilfreicher Vorschlag: Beim Philosophieren sollte man nicht versuchen, einen lächerlich unreifen, aber zugleich quälenden Gedanken zu verbannen und abzuurteilen, ohne ihm genügend Zeit einzuräumen und die bestmögliche Verteidigung zukommen zu lassen. Der Vorschlag steht natürlich in Einklang mit Wittgensteins Gedanke, daß es in der

1 In meiner Erinnerung war das erste derartige Problem, das ich später als philosophische Schwierigkeit identifizierte, folgendes: Ein Erwachsener verwendete die Worte »wenn ich du wäre«; und ich fragte mich, wie wir den Unterschied bemerken sollten, wenn er ich *wäre*!

2 Wittgenstein, L., *Philosophische Untersuchungen* I, § 106.

Philosophie sehr schwierig ist, sich so viel Zeit zu lassen wie nötig.

Niemand bezweifelt, so denke ich, daß es beim Verständnis gewöhnlicher moralischer Urteile insbesondere philosophische Schwierigkeiten gibt, weil bestimmte Fragen wie »Warum sollte ich tun, was richtig und gut ist?« so natürlich auftauchen und doch so schwer zu verstehen sind. Man ahnt, daß etwas mit dieser Frage nicht in Ordnung sein kann, ohne angeben zu können, was nicht stimmt. Später werde ich genau dieses Problem erörtern. Die Diskussion muß allerdings viel früher einsetzen. Und es ist entscheidend, welchen Ausgangspunkt man wählt. Vielleicht sind wir geneigt, so vorzugehen wie beispielsweise G. E. Moore vor hundert Jahren in seinen überaus einflußreichen *Principia Ethica*. Wir würden dann zu Beginn unsere Aufmerksamkeit auf die Eigentümlichkeit von *gut* richten, wenn es in Sätzen wie »Lust ist gut«[3] als Eigenschaft ausgesagt wird. Ich glaube allerdings, daß die Wahl dieses Ausgangspunktes die Untersuchung von Beginn an verzerrt. Wenn im Alltag jemand zu uns sagen würde: »Lust ist gut«, sollten wir fragen: »Wie meinst du das?« – und damit zu verstehen geben, daß die Aussage so ohne weiteres nicht eindeutig ist. Vor Gericht würde eine vergleichbare Aussage wegen Unbestimmtheit bzw. Unklarheit für nichtig erklärt werden.

Moore spricht ständig von dem Urteil, daß etwas Bestimmtes, Lust zum Beispiel oder Freundschaft, »gut ist«, als ob man »X ist gut« als Standardform der Prädikation von »gut« auffassen könnte – wie bei »X ist rot«. Mir scheint es aber äußerst wichtig, das anzufechten, bevor wir uns auf die üblichen Diskussionen des Mooreschen Gedankens und der Theorien einlassen, die sich aus ihm entwickelt haben. Moore dachte, *gut* sei eine besondere Art von Eigenschaft (eine »nicht-natürliche« Eigenschaft). Haben wir nämlich erst einmal die selten angemessene Satzform »X ist gut« akzeptiert, dann ist die wirkliche logische Struktur von Bewertungen nur noch schwer zu erkennen. In den meisten Zusammenhängen verlangt »gut« die Ergänzung durch ein Substantiv, das eine wesentliche Rolle spielt, wenn wir etwas als bes-

3 Moore, G. E., *Principia Ethica*, zum Beispiel Kap. 1, Abschn. 4 und 9.

ser oder schlechter bzw. als gut oder schlecht beurteilen.[4] Peter Geach hat das in einem leider kaum beachteten Aufsatz mit dem Titel »Good and Evil« betont. Dort zählt er »gut« zur Klasse der attributiven Adjektive, zu der zum Beispiel »groß« und »klein« gehören, und stellt diese den »prädikativen« Adjektiven wie »rot« gegenüber. Ein solches Farbwort funktioniert unabhängig von dem jeweiligen Substantiv, dem man es beifügt. Ob ein bestimmtes F aber ein gutes F ist, hängt entscheidend davon ab, was wir für »F« einsetzen. Wie »groß« zu »klein« werden muß, wenn sich herausstellt, daß die vermeintliche Maus in Wirklichkeit eine Ratte ist, so könnte »schlecht« zu »gut« werden, wenn wir ein bestimmtes Buch zuerst als einen Beitrag zur Philosophie, dann aber als ein Schlafmittel betrachten. Im Lichte von Geachs Unterscheidung liegen Gedanken über das gute Handeln, die für die Moralphilosophie grundlegend sind, auf einer Ebene mit Gedanken über gutes Sehvermögen, gute Nahrung, guten Boden oder gute Häuser.

Es ist sehr wichtig, mit Geach darauf zu beharren, daß »gut« und »rot« logisch verschieden sind. Das bringt uns ein Stück weiter bei dem Bemühen, Wörter »von ihrer metaphysischen, wieder auf ihre alltägliche Verwendung zurück(zuführen)«.[5] Wir müssen jedoch – Geach würde da sicherlich zustimmen – weitere logisch-grammatische Unterscheidungen treffen, bevor wir die Kategorie identifizieren können, zu der die moralische Bewertung gehört. Was ich hier mit einer logischen Kategorie von Bewertungen meine, läßt sich durch folgendes Beispiel illustrieren: Wenn wir ein Haus aus einer Nützlichkeits-Perspektive bewerten, dann müssen wir Fragen wie »Für wen ist es bestimmt?« beantworten, bevor wir es bewerten können. Wenn wir dasselbe Haus ästhetisch bewerten, wäre diese Frage unangebracht. Das

4 Manchmal habe ich diesen Punkt durch das folgende Aha-Erlebnis verdeutlicht: Ich habe einen kleinen Fetzen Papier vor meinen Zuhörern hochgehalten und sie gebeten, mir zu sagen, ob *er gut ist* oder nicht. Das Angebot, das Stück Papier durch die Reihen zu geben, damit man es besser sehen könne, wird mit einem Gelächter beantwortet, das eine logische bzw. grammatische Absurdität offenbart.

5 Das war für Wittgensteins spätere Philosophie charakteristisch (*Philosophische Untersuchungen* I, § 116).

sind zwei verschiedene logische Kategorien, in denen Bewertungen vorgenommen werden können. Und das Ziel dieses Buches ist es, jene andere Dimension zu finden, zu der die moralische Bewertung menschlichen Handelns gehört.

In konstruktiver Hinsicht stellt sich mir daher die Aufgabe, eine besondere Art von Bewertungen zu beschreiben und Gründe dafür vorzubringen, daß die moralische Bewertung menschlichen Handelns dieser logischen Kategorie angehört. Ich werde über etwas schreiben, das man »natürliche Qualität und natürlichen Defekt bei Lebewesen« [*natural goodness and defect in living things*] nennen kann – und dies erklärt den Buchtitel *Natural Goodness.* Diese Wortverbindung ist aber lediglich ein aus praktischen Gründen erfundener Terminus, dessen Sinn später anzugeben sein wird. In dieser kurzen Einleitung will ich nur noch ausdrücklich anmerken: Was ich als das natürlich Gute bezeichne, ist nicht die Qualität, von der manche denken, sie unterscheide zum Beispiel verbotene von erlaubten sexuellen Praktiken, weil nur diese – nicht aber andere – »natürlich« seien. Was ich meine, ist die Qualität eines einzelnen Lebewesens (bzw. die Qualität irgendeiner seiner Eigenschaften oder irgendeines seiner Vollzüge), die auf eine Weise bewertet wird, die meines Erachtens in der Moralphilosophie vernachlässigt wird. Dabei sieht man leicht, daß ein Lebewesen auf andere, logisch voneinander unterschiedene Weisen bewertet werden kann – wie etwa in bezug auf seine Nützlichkeit oder Gefährlichkeit für uns oder in bezug auf seine Schönheit oder Häßlichkeit. Meine allgemeine These ist, daß die moralische Beurteilung menschlicher Handlungen und Dispositionen ein Fall einer Art des Bewertens ist, die selbst gerade dadurch gekennzeichnet ist, daß sie Lebewesen betrifft. Aber natürlich muß dazu noch viel mehr gesagt werden.

1. Ein Neuanfang?

Man mag es gerne oder – wie es vielen ergehen wird – weniger gerne hören: In diesem Buch habe ich das erklärte Ziel, eine Auffassung moralischen Urteilens vorzustellen, die sich erheblich von der Auffassung der meisten heute schreibenden Moralphilosophen unterscheidet. Denn ich bin überzeugt, daß Bewertungen menschlichen Wollens und Handelns dieselbe begriffliche Struktur haben wie Bewertungen von Eigenschaften und Vollzügen anderer Lebewesen und nur nach diesem Modell verstanden werden können. Ich will das moralisch Böse als »eine Art des natürlichen Defekts« vorstellen. *Leben* wird im Mittelpunkt meiner Erörterung stehen; und die Tatsache, daß eine menschliche Handlung oder Disposition gut ist, werde ich einfach als eine Tatsache verstehen, die ein bestimmtes Merkmal einer bestimmten Art von Lebewesen betrifft.

Ein solcher Gedanke bedeutet, zumindest wie ich ihn verstehe, daß man eine naturalistische Theorie der Ethik ins Auge faßt: D.h., daß man wirklich von Grund auf mit G.E. Moores Anti-Naturalismus und mit den subjektivistischen Theorien wie Emotivismus und Präskriptivismus brechen muß, die als Ausarbeitungen von Moores ursprünglichem Gedanken verstanden werden. Um für eine derartige Position überhaupt Gehör zu finden, muß ich zunächst den Subjektivismus beschreiben (und kritisieren), der seit etwa 60 Jahren die Moralphilosophie in Großbritannien, Amerika und anderen Ländern beherrscht, in denen analytische Philosophie gelehrt wird. Es handelt sich um den Subjektivismus – man spricht häufig auch von »Nonkognitivismus« –, der mit A.J. Ayer, C.L. Stevenson und Richard Hare aufkam, das Werk von John Mackie und vielen anderen beeinflußte und kürzlich von Allan Gibbard in seiner »expressivistischen« Deutung normativer Sprache aufgefrischt wurde. Simon Blackburn hat bei der Rezension von Gibbards *Wise Choices, Apt Feelings* gesagt, er hoffe, dieses Buch werde von nun an die Tagesordnung für die Moralphilosophie bestimmen.[1] Bei aller

1 Vgl. Blackburn, S., »Wise Feelings, Apt Reading«, S. 356.

Bewunderung für Gibbard hoffe ich doch, es werde das nicht tun. Ich sollte also sagen, warum ich überzeugt bin, daß diese nonkognitivistischen Theorien – und zwar alle – auf einem Irrtum beruhen.

Um das gemeinsame Kennzeichen der scheinbar verschiedenartigen moralphilosophischen Entwürfe auszumachen, die ich gerade zusammengestellt habe, und auch um ihnen Gerechtigkeit widerfahren zu lassen, werde ich am besten mit der Frage beginnen, wie das ganze nonkognitivistische Unternehmen anfing. Seine tiefsten Wurzeln reichen zurück bis zu David Hume. Doch unmittelbarer schlossen Ayers und Stevensons Emotivismus ebenso wie Hares Präskriptivismus an den *linguistic turn* an, der mit dem logischen Positivismus populär wurde, sich aber weit über ihn hinaus fortentwickelte. Mit der »linguistischen Philosophie« kam nämlich die Idee auf, die Eigenart moralischen Urteilens durch einen besonderen Gebrauch der Sprache zu erklären, den man »Bewertung« nannte, der aber eher mit Ausruf und Befehl als mit irgend etwas anderem verwandt ist, das man normalerweise mit diesem Ausdruck meint. Mit dieser Idee schien es schließlich möglich, klar zu sagen, was G. E. Moore gemeint hatte bzw. hätte meinen sollen, als er *gut* zu einer besonderen, nämlich einer »nicht-natürlichen« Eigenschaft erklärte.[2] Emotivismus und Präskriptivismus entwickelten diesen Gedanken weiter, indem sie die Idee einer besonderen (»nicht-natürlichen«) Eigenschaft durch die eines besonderen und wesentlich praktischen Gebrauchs der Sprache ersetzten. Und das war anscheinend eine bedeutende Entdeckung. Die Sprache der Bewertung war »emotiv«. Sie drückte die Gefühle und Einstellungen eines Sprechers aus und bewirkte zugleich ähnliche Gefühle und Einstellungen bei anderen. Wer solche »Einstellungen« hatte, »bevorzugte« die Dinge, die er »gut« nannte; wobei so eine Einstellung mit einer Handlungstendenz verknüpft sein sollte. Auch Ayers Theorie war von dieser Art; und wenig später band Hare die »Bewertung« sogar noch enger an die einzelne Handlung, und zwar in seiner Theorie der universalisierten Impera-

2 Moore, G. E., *Principia Ethica*. Vgl. im besonderen Kap. II, Abschn. 26, und Kap. IV, Abschn. 72.

tive, durch die ein Sprecher andere ermahnte und (mit der Übernahme eines Imperativs in der ersten Person) sich selbst darauf verpflichtete, das zu wählen, was er »gut« nannte. So gesellte sich der »Präskriptivismus« – eine anspruchsvolle Version der Theorie, die ich ins Visier nehme – zum Emotivismus, mit dem es anfing. In einer expliziten Definition des »präskriptiven« Gebrauchs der Sprache schrieb Hare:

> Wir sagen etwas Präskriptives genau dann, wenn für eine Handlung A, eine Situation S und eine Person P gilt: Wenn P (in Worten) dem zustimmt, was wir sagen, in S aber A nicht tut, dann ist die Zustimmung von P mit logischer Notwendigkeit unaufrichtig.[3]

Auf diese Definition werde ich später zurückkommen. Zuerst sollte ich etwas Allgemeineres zu den Theorien sagen, die ich angreife. Für die Autoren, die ich erwähnt habe, und für andere, die von ihnen inspiriert sind, ist folgende Auffassung bezeichnend: Zu jedem aufrichtigen moralischen Urteil gehört ein bestimmtes Gefühl, eine Einstellung oder eine Absicht; und dadurch geht das Urteil über »Beschreibung« oder »Tatsachenfeststellung« hinaus. Freilich nahm man zur Kenntnis, daß die Sprache viele Ausdrücke wie »Tapferkeit« oder »Gerechtigkeit« enthält, die *sowohl* für das Beschreiben *als auch* für das moralische Urteilen geeignet sind. Aber man erklärte, deren »deskriptiver« Gehalt sei für moralische Bewertung nicht hinreichend; die Gefühle oder Einstellungen des Sprechers müßten dazukommen, damit wir es mit Bewertung zu tun hätten. Daher rührt die scheinbar unstrittige Unterscheidung zwischen »deskriptiver« und »evaluativer« Sprache, die man in weiten Teilen der zeitgenössischen Ethik mehr oder weniger für selbstverständlich hält.

In frühen Versionen dieser Theorien machte man geltend, daß die Klasse der Handlungen, auf die solche Wörter wie »moralisch gut« oder »moralisch schlecht« angewendet werden könn-

3 Hare, R.M., *Moral Thinking*, S.21. [*Moralisches Denken*, S.64: »Wir sagen etwas Präskriptives dann und nur dann, wenn für einen Akt *A*, eine Situation *S* und eine Person *P* gilt: Wenn *P* dem, was wir sagen, zwar zustimmen, in *S* aber *A* trotzdem nicht tun würde, so muß seine Zustimmung aus logischen Gründen unaufrichtig sein.«]

ten, einzig durch eine Forderung nach Konsistenz begrenzt sei. Das besondere Merkmal, von dem man annahm, es sei am moralischen Urteil beteiligt, könnte demnach eigenständig auftreten – imstande, das Herzstück fremder Moralsysteme zu bilden, die unserem eigenen entgegenstehen oder sogar direkt widersprechen würden. Gäbe es kein sprachliches Instrument, um »moralischer Billigung« oder »moralischer Mißbilligung« in reiner Form Ausdruck zu verleihen, so wäre das bloß ein sprachlicher Zufall. Diese frühen Theorien waren daher ganz und gar subjektivistisch. Sie ließen sogar die Möglichkeit bizarrer »moralischer« Urteile zu: »Man darf nicht im Uhrzeigersinn um einen Baum rennen« oder »Igel sollte man nicht im Mondschein betrachten«. Und so ergaben sich unbegrenzte Möglichkeiten unauflösbarer moralischer Konflikte. Heute wird man, wie ich glaube, im allgemeinen zugestehen, daß es eine bestimmte inhaltliche Begrenzung dessen gibt, was vernünftigerweise Moralsystem heißen kann. Hare selbst hat darüber hinaus eine ziemlich anspruchsvolle Form des Utilitarismus aus dem universellen Präskriptivismus ableiten wollen.[4] Ich werde also nicht die alte Schlacht gegen den uneingeschränkten Subjektivismus schlagen. Meine Zielscheibe sind sowohl die jüngeren als auch die älteren Versionen des Nonkognitivismus. Selbst wenn man die anspruchsvollsten Beschränkungen »deskriptiven Gehalts« akzeptieren würde, wäre man diesen Theorien zufolge mit »Beschreibung« allein immer noch nicht beim moralischen Urteilen angelangt. Das würde selbst für Benthams Gedanken gelten, daß Wörter wie »sollte« und »richtig« nur eine Bedeutung haben, wenn sie in Verbindung mit dem Prinzip des größten Glücks gebraucht werden.[5] Wer eine Handlungsart als nützlich oder sonstwie wertvoll ansähe, würde – ja könnte – nicht mit voller Aufrichtigkeit über ihre moralische Qualität urteilen, wenn er in sich nicht die richtigen Gefühle und Einstellungen vorfände oder wenn er nicht bereit wäre, sich auf eine bestimmte Handlungsweise festzulegen. Für die moralische Be-

4 Hare, R. M., *Freedom and Reason*, besonders Kap. 7.

5 Vgl. Bentham, J., *An Introduction to the Principles of Morals and Legislation*, Kap. 1, § 10.

wertung müßte zur Tatsachenüberzeugung etwas Konatives* hinzukommen.

Alle diese Theorien versuchten also, die *Verwendungsbedingungen* solcher Sätze wie »Es ist moralisch verwerflich, Versprechen zu brechen« an eine Verfassung des Sprechers zu binden. Er muß bestimmte Gefühle oder Einstellungen haben; er muß sich auf eine bestimmte Handlungsweise festlegen; er muß zumindest Reue empfinden, wenn er nicht so handelt. *Die Satzbedeutung mußte so mit Bezug auf die Einstellung, die Absichten oder die Gemütsverfassung eines Sprechers erklärt werden.* Und das öffnete eine Kluft zwischen moralischen Urteilen und Tatsachenbehauptungen: Wahrheitsbedingungen können die Bedeutung einer Tatsachenaussage erschöpfend bestimmen, so hieß es, nicht aber die eines moralischen Urteils. *Tatsache* und *Wert* waren also scheinbar unterschieden worden: *Tatsache* war das Gegenstück zur Tatsachenaussage, *Wert* das Gegenstück zum Ausdruck von Gefühl, Einstellung oder Vorsatz. Aussagen über Tatsachen waren behauptbar, wenn ihre Wahrheitsbedingungen erfüllt waren, moralische Urteile dagegen fanden ihre Äußerungsbedingungen wesentlich in der subjektiven Verfassung des Sprechers.

Diese Auffassung ist meines Erachtens völlig verkehrt. Auf sie habe ich mich in dem Vortrag »Beruht der moralische Subjektivismus auf einem Irrtum?« bezogen, der diesem Kapitel zugrunde liegt. Worin aber besteht der Irrtum? Er besteht darin, das »Besondere« am moralischen Urteil so zu konstruieren, daß kein Grund als Basis für dieses Urteil genügt. Welche »Gründe« auch immer angeführt werden, man ist vielleicht nicht bereit oder auch nicht in der Lage, das moralische Urteil zu fällen, weil man eben nicht die Einstellung oder das Gefühl hat bzw. nicht in der richtigen »konativen« Verfassung ist bzw. nicht gewillt ist, sich für das Handeln zu entscheiden (je nachdem, was die Theorie für erforderlich hält). Diese Kluft zwischen Grund und moralischem Urteil bestreite ich. Es gibt meines Erachtens keine

* Von lat. *conari* (tr.) versuchen, wagen, unternehmen; (intr.) sich anstrengen. Foot selbst erläutert den in der englischen Moralphilosophie gebräuchlichen Terminus *conative* als »etwas, das mit der Beteiligung des Willens zu tun hat« (vgl. unten S. 39). A.d.Ü.

derartigen Bedingungen für moralisches Urteilen und daher auch nicht die vermeintliche Kluft.

Die Moralphilosophen in der Mitte des 20. Jahrhunderts sind aber keineswegs einem noch heute nachwirkenden Anfall kollektiver Verrücktheit erlegen. Ihre Theorien sollten ja einem wirklichen Merkmal moralischen Urteilens gerecht werden: dem »handlungsleitenden« Charakter der Moral, den Hume unterstrich und auf den er seine Moralphilosophie aufbaute. Moral, so hatte Hume gesagt, ist notwendig praktisch: Sie dient dazu, Handlungen zu bewirken und zu verhindern. Ich werde das »Humes Forderung nach Praxisbezug« [*Hume's practicality requirement*] nennen.[6] Und ich bestreite nicht, daß man dieser Forderung gerecht werden muß. Vielmehr behaupte ich, daß die Theorien, die ich angreife, ihr auf die falsche Art und Weise gerecht zu werden versuchten. Das ist im wesentlichen das Thema dieses Kapitels.

Wenn ich meine These beweisen will, muß ich natürlich einen anderen Weg als die Nonkognitivisten einschlagen, um zu zeigen, daß moralisches Urteilen wesentlich »handlungsleitend« ist. Wie also lautet meine Interpretation dieses Sachverhalts? Kurz gesagt, erfülle ich Humes Forderung, indem ich (ganz gegen Hume) geltend mache, daß moralisches Handeln ein Teil praktischer Rationalität ist.

Nun ist mir wohl bewußt, daß diese Interpretation äußerst gewagt erscheinen wird. Muß man denn das Schicksal so herausfordern? Ist nicht schon der Nachweis schwer genug, daß Moral und Vernunft sich überhaupt vertragen? Was ist mit den Problemfällen, in denen Gerechtigkeit oder Barmherzigkeit den einzigen Ausweg aus einer Sackgasse verwehren – sogar in Situationen, die einen das Leben kosten können? Ist nicht der Beweis, daß gerechtes Handeln vernünftig ist, ein Problem, mit dem beispielsweise David Gauthier seit Jahren mit viel Energie und großem Können ringt?[7] Stehe ich hier nicht wieder vor dem Hindernis, an dem ich selbst wiederholt gescheitert bin, obwohl

6 Vgl. Hume, D., *A Treatise of Human Nature*, Buch III, Teil 1, Abschn. 1, und *An Enquiry Concerning the Principles of Morals*, Abschn. 1.

7 Vgl. Gauthier, D., *Morals by Agreement.*

ich in meinen Schriften die verschiedensten Auswege versucht habe – angefangen von »Moralische Überzeugungen« (1958) bis hin zu »Die Moral als ein System hypothetischer Imperative« (1972)? Das ist alles richtig; und wenn ich hoffe, diesmal mehr Erfolg zu haben, so deshalb, weil ich jetzt die Gründe für mein früheres Scheitern zu sehen glaube. Grob gesprochen, vertrat ich nämlich eine mehr oder weniger an Hume orientierte Theorie der Handlungsgründe. Ich hielt es für selbstverständlich, daß Gründe auf den *Wünschen* eines Handelnden basieren müßten. In einem anderen, 1972 verfaßten Aufsatz hatte ich zwar (kaum vereinbar mit meinen Zweifeln am rationalen Status der Moral) dem Gesichtspunkt des eigenen *Interesses* eine unabhängige »begründende« Kraft zugestanden.[8] Das half jedoch in bezug auf die Rationalität uneigennütziger Gerechtigkeit nicht weiter. Ich neigte dazu, Gerechtigkeit nur bei denen für rational zu halten, die ihren Wünschen nach als Liebhaber der Gerechtigkeit gelten könnten – ein ziemlicher Skandal. Zu Recht haben mir deshalb meine Kritiker vorgeworfen, ich würde auf der Ebene der Rationalität die Subjektivität wieder einführen, während ich auf der Objektivität von Kriterien des moralisch Richtigen und Falschen bestünde.

Gemeinsam mit anderen hielt ich es zu dieser Zeit für selbstverständlich, daß eine Diskussion der Rationalität moralischen Handelns damit beginnen muß, die Natur von Handlungsgründen zu klären. Ich bevorzugte eine Wunscherfüllungs-Theorie mit einem besonderen Zugeständnis an den Einfluß von eigennützigen Gesichtspunkten. Heute bin ich überzeugt, daß die Eigennutz-Theorie der Rationalität ebenso falsch ist wie die Wunscherfüllungs-Theorie. In dem Versuch, die Rationalität moralischen Handelns in die jeweilige Theorie einzupassen, scheint überhaupt ein *strategischer* Fehler beschlossen zu liegen. Ein derartiger Versuch impliziert, daß wir erst zu einer Theorie vernünftigen Handelns kommen und dann, so gut wir können, versuchen, die Rationalität von gerechten und barmherzigen Handlungen unterzubringen.

Mein Freund Warren Quinn hatte mich darauf hingewiesen, daß

8 Foot, P., »Reasons for Action and Desire«.

dies ein strategischer Fehler war. Ich glaube zwar nicht, daß er eine Alternative ausgearbeitet hat. Der Ansatz dazu ist aber in seinem Angriff auf ziel-neutrale Humesche Theorien der Rationalität enthalten, den er in einem wichtigen Aufsatz »Putting Rationality in its Place« unternommen hat. Der Aufsatz wurde nach seinem traurigen und viel zu frühen Tod in der *Morality and Action* betitelten Sammlung seiner Schriften abgedruckt. Quinn fragte: Was wäre *so wichtig* an der praktischen Rationalität, wenn Vernunft darin bestünde, die Erfüllung beliebiger, noch so niederträchtiger Wünsche anzustreben? Mit dieser Frage erschütterte Quinn die Annahme, daß moralisches Handeln unter einen vorgefertigten Begriff praktischer Rationalität gebracht werden muß; diese Anfrage erscheint mir äußerst wichtig. Meine eigene – vielleicht war es auch seine – Ansicht ist, daß eine *Einordnung dieser Art* hier überhaupt nicht in Frage kommt. Daher werde ich nicht die rivalisierenden Ansprüche von Eigennutz und maximaler Wunscherfüllung im Blick auf eine Theorie praktischer Rationalität prüfen, um dann zu versuchen, wie es Gauthier und viele andere tun, die Rationalität moralischen Handelns durch den siegreichen Begriff zu erklären. Ich denke allerdings auch nicht, daß die gesamte praktische Rationalität unter dem Dach von »Moral« in der gewöhnlichen Bedeutung des Ausdrucks versammelt werden kann.

So sehe ich es: Die Wahrheit zu sagen, Versprechen zu halten und dem Nachbarn zu helfen, all das ist *in demselben Sinne* eine Komponente oder ein Aspekt praktischer Rationalität wie selbsterhaltendes Handeln und die umsichtige Verfolgung anderer unschuldiger Ziele. Die verschiedenen Komponenten stehen auf einer Ebene: Ein Urteil darüber, was praktische Rationalität erfordert, muß die Gesichtspunkte, die wir nicht-moralisch nennen, in ein Verhältnis zu den Gesichtspunkten setzen, die wir moralisch nennen, und umgekehrt. Denn nicht immer ist es vernünftig, Hilfe zu leisten, wo sie benötigt wird, oder ein Versprechen zu halten; und ich bin überzeugt, daß es noch nicht einmal vernünftig ist, immer die Wahrheit zu sagen. Will man sagen, daß »moralische Erfordernisse« immer »Vorrang haben«, dann können nicht diese speziellen Erfordernisse gemeint sein. Statt dessen muß das umfassende Urteil gemeint sein, was man unter Berücksichtigung aller Umstände tun sollte. Ich denke, einen klaren Kopf bewahrt man, indem man klärt, daß diese besonderen Urteile Vorrang haben, und sich daran erinnert, daß manche Ausdrücke umfassende Urteile einschließen, andere jedoch nicht: Unklugheit zum Beispiel ist *per definitionem* widervernünftig, Selbstaufopferung dagegen nicht. Wenn wir diese Komplikation beiseite lassen, können wir die verschiedenen Anforderungen der Rationalität beim Handeln als einander gleichgestellt betrachten. Ich werde später darlegen, daß sie eine Einheit aufweisen, die nicht sofort ins Auge springt. Schon jetzt will ich betonen: In meiner Auffassung ist die Qualität der Entscheidung das Fundament praktischer Rationalität und nicht umgekehrt. Ungeschützt gesagt: Es gibt kein Kriterium praktischer Rationalität, das nicht vom Kriterium für die Qualität des Willens *abgeleitet* ist.

Man wird mich fragen: Wie kann das sein, wo doch häufig auch dann ein Versprechen zu halten, die Wahrheit zu sagen oder Beistand zu leisten ist, wenn es dem Eigennutz oder dem Herzenswunsch entgegensteht?

Ich glaube, der Beweis kann mit einigen Beobachtungen zum Wesen einer Tugend beginnen. Der Begriff einer Tugend schließt ein, daß jemandes Handlungen gut sind, insofern er die Tugend besitzt; und dies bedeutet: er handelt gut. Tugenden bewirken, daß gut handelt, wer sie hat, und wir müssen untersuchen, was das heißt.

Was zum Beispiel unterscheidet eine gerechte von einer ungerechten Person? Die Tatsache, daß sie ihre Verträge einhält? Das kann nicht richtig sein. Denn die Umstände könnten sie daran hindern, das zu tun. Auch handelt es sich nicht darum, daß der Gerechte Leben rettet, anstatt unschuldige Leute zu töten; denn durch unverschuldetes Mißgeschick könnte der Gerechte töten, statt zu retten. »Natürlich«, wird jemand hier einwenden, »zählt die Absicht einer gerechten Person, und nicht das, was sie tatsächlich bewirkt.« Warum soll man dann aber nicht sagen, es sei das unterscheidende Merkmal der Gerechten, daß *für sie bestimmte Gesichtspunkte als Handlungsgründe zählen, und zwar als Gründe*, die so und so stark ins Gewicht fallen? Wird es nicht bei anderen Tugenden, wie zum Beispiel bei den Tugenden der

Barmherzigkeit, Tapferkeit und Maßhaltung, genauso sein? Jemand besitzt diese Tugenden, insofern er bestimmte Gesichtspunkte (ein Versprechen oder die Bedürftigkeit eines Nachbarn etwa) als gewichtige und unter vielen Umständen zwingende Handlungsgründe anerkennt. Er erkennt die Gründe an und handelt aus ihnen.

Folglich spricht die auf einen Menschen angewandte Beschreibung »gerecht« davon, ob und inwieweit er eine bestimmte Gruppe von Gesichtspunkten als Handlungsgründe anerkennt. Wenn Gerechtigkeit eine Tugend ist, dann sorgt sie für die Richtigkeit dieser Beweggründe, d. h., die Tugend macht die Beweggründe gut. Einen guten Willen hat man nicht, weil man physisch stark ist, sich gut bewegt, gut redet oder gut sieht. Aber man muß gut handeln, und das heißt in erster Linie, man muß die Stärke bestimmter Gesichtspunkte als Handlungsgründe anerkennen. Und dies muß das Handeln beeinflussen. Wer gerecht ist, *beabsichtigt*, Versprechen zu halten, Schulden zu zahlen und diejenigen, deren Rechte verletzt werden, zu verteidigen, soweit die Tugend der Gerechtigkeit solche Handlungen verlangt. Genauso erkennt er bestimmte Grenzen an, wenn er ein Ziel verfolgt – selbst wenn es ein tugendhaftes Ziel ist; etwa würde er einen Unschuldigen auch dann nicht umbringen, wenn er einen anderen nur so davon abhalten könnte, eine größere Zahl umzubringen. Er würde allerdings (um eines der vielen einprägsamen Beispiele von Elizabeth Anscombe anzuführen) jemandes Eigentum zerstören, um die Ausbreitung eines Feuers zu verhindern. Und wieder handelt er dementsprechend. Ebenso ist Barmherzigkeit, wenn sie eine Tugend ist, deshalb eine Tugend, weil sie die Handlungen des Barmherzigen im Bereich von Zielen wie Linderung von Armut zu guten Handlungen macht. Auch hier erkennt der Barmherzige bestimmte Gesichtspunkte als Handlungsgründe an und handelt aufgrund dieser Gründe so, wie er sollte.[9]

Zur Tugend gehören nach meiner Beschreibung (a) die Anerken-

9 Auf die Tatsache, daß der Besitz einer Tugend Implikationen mit sich führt, die über Handlungen und sogar Absichten hinausgehen, komme ich später in diesem Buch ausdrücklich zu sprechen. Vgl. Kap. 4.

nung bestimmter Gesichtspunkte als Handlungsgründe und (b) die entsprechende Handlung. Mit dieser Beschreibung habe ich nur vertrauten und altehrwürdigen Vorstellungen des moralisch Guten Ausdruck verliehen. Wie aber kann man bestreiten, daß ich gleichzeitig über praktische Rationalität gesprochen habe? Ich habe erörtert, was *gut* bedeutet, wenn es um die Anerkennung und das Befolgen von Handlungs*gründen* geht. Wenn das nicht praktische Rationalität ist, möchte ich gerne wissen, was sonst. Leute, die eine vorgefaßte Theorie praktischer Rationalität vertreten, werden zweifellos antworten, daß Rationalität die Orientierung am eigenen Nutzen oder aber das umsichtige Streben nach der optimalen Befriedigung gegenwärtiger Wünsche ist. Und jede Antwort wird unterstellen, daß eines dieser konkurrierenden Konzepte *der* Begriff praktischer Rationalität ist. Zumindest aber wird man behaupten, daß diese Theorien eine gültige alternative Vorstellung praktischer Rationalität liefern, mit demselben Anspruch wie die Vorstellung, die aus meiner Erörterung von Gerechtigkeit und Barmherzigkeit als Tugenden hervorgegangen ist und sich auf das Befolgen von Gründen bezieht. Ich gab jedoch schon zu bedenken, daß das ein Irrtum war. Wir sollten nicht im Modell rivalisierender Theorien denken, sondern im Modell verschiedener Teile praktischer Rationalität, von denen keiner irrtümlich für das Ganze gehalten werden sollte. Eine Handlung kann wider die praktische Vernunft sein, weil sie unehrlich ist oder die Rechte anderer mißachtet *oder* weil sie fürchterlich töricht ist; *oder* aber weil der Handelnde seine Wünsche zum Beispiel fahrig, ängstlich oder halbherzig verfolgt.

Erkennt man zumindest diese verschiedenen Fälle an (eine Kategorisierung mag nützlich sein oder nicht), verwundert es nicht, daß das Etikett »praktische Irrationalität« und verwandte Ausdrücke wie »wider die praktische Vernunft« mit verschiedenen untergeordneten Beschreibungen einhergehen können. Ich will nicht über den Gebrauch einzelner Wörter streiten: etwa darüber, wo die Ausdrücke »irrational« oder »unvernünftig« angebracht sind. Es ist offensichtlich, daß einige Ausdrücke wie »dumm« oder »töricht« und sogar »irrational« (in gewöhnlicher Verwendung) zum Beispiel die Handlungen der »Great Train

Robbers«* nicht richtig beschreiben; obgleich sie auf fremdes Eigentum und fremdes Leben keine Rücksicht nahmen, ihr Tun also der Gerechtigkeit und folglich, wie ich darlegen werde, der praktischen Rationalität widersprach. Es stiftet nichts als Verwirrung, wenn man ein Argument über die praktische Vernunft an einen bestimmten Ausdruck bindet und diesen dabei aus seiner angestammten Verwendung löst. Das tut zum Beispiel Allan Gibbard, wenn er annimmt, daß ein moralisches Urteil immer darauf hinausläuft, daß etwas »einen (bzw. keinen) Sinn ergibt«:[10] als ob man *so* sagen könnte, was am Handeln der Zugräuber falsch war – oder an dem berüchtigten, erpresserischen Umgang des englischen Immobilienbesitzers Rachmann mit seinen Mietern!

Dennoch besteht kein Zweifel, daß es verschiedene Möglichkeiten gibt, von der Vernunft abzuweichen. Und es ist nicht verwunderlich, daß man gegen die Rationalität zur selben Zeit in mehr als einer Art und Weise verstoßen kann. Ich habe einmal von einem Einbrecher gelesen, der gefaßt wurde, weil er in dem Haus, in das er eingebrochen war, zum Fernsehen blieb und gleich zweimal gegen die Vernunft handelte, nämlich durch Unehrlichkeit und durch Unklugheit. Weil sein Handeln insofern fehlerhaft war, als er sich nicht mit seiner Beute davonmachte, können wir sagen, er hätte sich davonmachen *sollen*. Das heißt allerdings nicht, daß er gut gehandelt hätte, wenn er nicht unklug gehandelt hätte, denn niemand kann ganz und gar vernünftig handeln, wenn er ein schlechtes Ziel verfolgt.[11]

Ich denke, es ist möglich, den roten Faden – wenn auch noch undeutlich – zu erkennen, der die verschiedenen Komponenten praktischer Rationalität durchzieht. Der grundlegende Begriff ist: Qualifizierung des Menschen zum guten Handeln. Das bedeutet, um es zu wiederholen: guter Wille im Unterschied zu

* Am 8. August 1963 erbeutete eine Bande über 2,5 Mio. £ bei einem Überfall auf den Postzug Glasgow–London. Der Raub ist als »The Great Train Robbery« in die Geschichte eingegangen, nicht zuletzt durch die spektakuläre Flucht eines der Beteiligten, Ronald Biggs (der sich 2001 den britischen Behörden stellte). A. d. Ü.

10 Vgl. Gibbard, A., *Wise Choices, Apt Feelings*, zum Beispiel S. 7, 37f.

11 Vgl. unten Kap. 4.

Dingen wie gutes Sehvermögen, Fingerfertigkeit oder gutes Gedächtnis. Kant hatte vollkommen recht, als er sagte, daß moralisch gut allein der gute Wille sei; die Idee der praktischen Rationalität betrifft tatsächlich den Willen. Indessen hat sich Kant anscheinend geirrt, als er dachte, daß eine abstrakte, auf vernünftige Wesen als solche anwendbare Vorstellung der praktischen Vernunft so etwas wie einen Moralkodex für Menschen begründen könnte. Die Bewertung menschlichen Handelns hängt nämlich auch von wesentlichen Zügen spezifisch menschlichen Lebens ab.

Elizabeth Anscombe betont diese Abhängigkeit der Moral vom Leben unserer Spezies in einem Abschnitt ihres Aufsatzes »On Promising and its Justice«. Dort macht sie auf Tatsachen des menschlichen Lebens aufmerksam, derentwegen Menschen darauf angewiesen sind, durch Einrichtungen wie das Versprechen einander auf Handlungsweisen verpflichten zu können: Es gibt zum Beispiel kaum andere Möglichkeiten, einen anderen Menschen verläßlich dazu zu bringen, das zu tun, was man von ihm will. Wir können hinzufügen, daß von so einer Einrichtung etwas sehr Wichtiges abhängen kann, zum Beispiel daß nach jemandes Tod für seine Kinder gesorgt wird. Ich werde Anscombes Erörterung des Versprechens ausführlicher in Kapitel 3 behandeln.

Anscombe schreibt: »Einander ohne die Anwendung körperlicher Gewalt dazu zu bringen, etwas zu tun, gehört zu den Notwendigkeiten im menschlichen Leben – und das weit über das hinaus, was durch [...] andere Mittel sichergestellt werden könnte.«[12] Anscombe macht hier auf etwas aufmerksam, das sie an anderem Ort eine »Aristotelische Notwendigkeit« genannt hat: etwas, das notwendig ist, weil und insofern etwas Gutes davon abhängt.[13] Wir stützen uns auf dieselbe Idee, wenn wir sagen, daß es für Pflanzen notwendig ist, Wasser zu haben, für Vögel, Nester zu bauen, für Wölfe, in Rudeln zu jagen, und für

12 Anscombe, G.E.M., »On Promising and its Justice«, *Collected Philosophical Papers*, Bd. 3, S. 18.

13 Vgl. a.a.O., S. 15, 18f.; »Rules, Rights and Promises«, *Collected Philosophical Papers*, Bd. 3, S. 100f.; »On the Source of the Authority of the State«, *Collected Philosophical Papers*, Bd. 3, S. 139.

Löwinnen, ihren Jungen das Töten beizubringen. Diese »Aristotelischen Notwendigkeiten« hängen davon ab, was die jeweilige Pflanzen- oder Tierspezies braucht sowie von ihrem natürlichen Lebensraum und von ihren Möglichkeiten, darin zurechtzukommen. Diese Faktoren bestimmen, was es für die Mitglieder einer bestimmten Spezies heißt, so zu sein, wie sie sein sollten,* und das zu tun, was sie tun sollten.[14] Und trotz all der enormen Unterschiede zwischen dem Leben von Menschen und dem von Pflanzen oder Tieren können wir sehen, daß menschliche Mängel und Vorzüge in ähnlicher Weise darauf bezogen sind, was Menschen sind und was sie tun. Wir müssen nicht tauchen können wie Tölpel und nicht im Dunkeln sehen können wie Eulen; aber unser Gedächtnis und unsere Aufmerksamkeit müssen so beschaffen sein, daß wir Sprache erwerben können. Und unser Sehvermögen muß so sein, daß wir Gesichter auf Anhieb erkennen; wie einer Löwin fehlt menschlichen Eltern etwas, wenn sie ihrem Nachwuchs nicht die Fertigkeiten beibringen, die er zum Überleben braucht. Außerdem sind wir als soziale Lebewesen aufeinander angewiesen wie Wölfe, die in Rudeln jagen – wobei unsere Zusammenarbeit von besonderen Faktoren wie zum Beispiel Übereinkünften abhängt. Wie die Tiere tun wir Dinge, die eher anderen als uns selbst nützen. Nichts spricht dafür, die Qualität menschlichen Handelns ausschließlich danach zu beurteilen, was jeder Mensch für seinen eigenen Vorteil tut. Man fragt sich, ob uns ein egoistischer Rationalitätsbegriff vielleicht deshalb plausibel ist, weil die gründlich diskreditierte Lehre vom psychologischen Egoismus noch in uns nachwirkt. Der psychologische Egoismus vertrat die Ansicht, daß jede *menschliche* Handlung auf den Vorteil des Handlungssubjekts zielt. Nur ein derartiges Überbleibsel kann wohl der Idee zugrunde liegen, die Bewertung des Handelns aus Gründen müsse in ihrer begriff-

* Die im Deutschen ungewohnte Verwendung von »sollte« (*should*) in diesem Kontext ist im Englischen völlig unproblematisch. Es gibt diesen Gebrauch von »sollte« aber auch im Deutschen, zum Beispiel wenn wir sagen: »Um diese Jahreszeit sollte dieser Baum längst blühen.« A.d.Ü.

14 Ich habe hier von Spezies gesprochen; es könnte aber besser sein, das Wort »Lebensform« zu verwenden, wie es Michael Thompson tut. (Hier bin ich besonders seiner Arbeit verpflichtet.)

lichen Struktur gänzlich anders sein als die Bewertung des Verhaltens eines Tieres. Und man wird sicherlich nicht bestreiten, daß mit einem »trittbrettfahrenden« Wolf, der frißt, aber nicht an der Jagd teilnimmt, etwas nicht in Ordnung ist. Dasselbe gilt von einer Biene, die eine Nektarquelle entdeckt, deren Verhalten anderen Bienen aber nicht mitteilt, wo diese zu finden ist. Diese trittbrettfahrenden Individuen einer Spezies, deren Mitglieder zusammenarbeiten, sind ebenso *defekt* wie diejenigen, die ein schadhaftes Gehör, Seh- oder Bewegungsvermögen haben.

Tatsächlich spreche ich daher moralischer Bewertung und der Bewertung tierischen Verhaltens eine gleichartige Basis zu. Ich sollte allerdings betonen, daß man nicht unterschätzen darf, wie sehr menschliche Kommunikation und Reflexion das Bild verändern. Das Gute, das von menschlicher Zusammenarbeit abhängt und von Dingen wie Wahrheitsliebe, Kunst und Gelehrsamkeit, ist wesentlich vielfältiger und schwieriger zu spezifizieren als das, was für Tiere *gut* ist. Tiere unterscheiden sich auch darin von uns, daß sie nicht verstehen müssen, was vor sich geht, um zu tun, was sie tun sollten – worauf sie angewiesen und wozu sie in der Lage sind. Dagegen kann und sollte ein Mensch verstehen, daß und warum es zum Beispiel einen Grund gibt, ein Versprechen zu halten oder sich fair zu verhalten. Der letzte Punkt erscheint vielleicht zu anspruchsvoll; aber solch menschliches Verstehen ist nichts, was nur schwer zu erreichen wäre. Wir alle wissen genug, um sagen zu können: »Wie könnten wir ohne Gerechtigkeit klarkommen?«, »Wo kämen wir hin, wenn niemand einem anderen helfen würde?«, oder: »Wie könnten wir zurechtkommen, wenn es keine Möglichkeit gäbe, Entscheidungen für uns alle zu treffen?«

Wer darüber nachdenkt, wird einsehen, daß Menschen darauf angewiesen sind, daß Moral vermittelt und befolgt wird. Wir können ohne die Moral nicht auskommen. Das ist der Kernpunkt der richtigen Antwort auf die Herausforderung in meinem Aufsatz »Die Moral als ein System hypothetischer Imperative«. Dort fragte ich, warum man es für vernünftig halten sollte, der Moral zu folgen, nicht aber Regeln des Duells oder törichten Anstandsregeln. Mein Versuch einer Antwort war vergeblich, weil ich, noch unter dem Einfluß einer Humeschen Vorstellung von praktischer Rationalität, das für belanglos hielt, was sich nun als äußerst wichtig herausstellt.[15]

Später war mir Warren Quinn mit dem Hinweis behilflich, daß ich nach dieser Veränderung zumindest den Anspruch erheben konnte, die Basis für eine einheitliche Theorie der Rationalität gefunden zu haben. Wenn nämlich die Tugenden, denen man heute den Status *moralischer* Tugenden zubilligt und die man häufig der Klugheit gegenüberstellt, »Aristotelische Notwendigkeiten« für Menschen darstellen, dann gilt das ebenso von einem vernünftigen Maß an Eigennutz. Auch wenn das nur daran liegen sollte, daß wir, einmal erwachsen, selbst für uns viel besser sorgen können als irgend jemand sonst.[16] Außerdem dient es unserem Wohl, wenn wir umsichtig eine ganze Reihe individueller Ziele verfolgen, und im allgemeinen auch, wenn wir uns verschaffen, was wir begehren, oder unseren Wünschen nachgehen.

Es ist nun an der Zeit, zur Hauptlinie meines Argumentes gegen den Nonkognitivismus zurückzukehren. Weil ich denke, daß praktische Rationalität die soeben genannten Aspekte umfaßt, behaupte ich, den »handlungsleitenden Charakter« moralischen Urteilens mit der praktischen Rationalität moralischen Handelns erklären zu können. Dabei beachte man, daß ich in den Begriff der praktischen Rationalität keine im Subjekt des Handelns liegende Bedingung für moralisches Urteilen eingebaut habe. Ich habe mich nämlich nicht auf eine wunsch-orientierte Humesche Theorie der praktischen Rationalität eingelassen; und ich habe auch keinen Grund, mit Gibbard »expressivistisch« zu erklären, was es heißt, eine bestimmte Handlung vernünftig zu nennen.

15 Ich erinnere mich, daß mir eine Bemerkung von Rosalind Hursthouse während einer Diskussion auf den richtigen Weg half. Vgl. auch Hursthouse, R., *On Virtue Ethics*, besonders Kap. 9 und 10.

16 Theoretisch könnte das natürlich bei irgendwelchen anderen Arten vernünftiger Wesen anders sein. Vielleicht würden sie es unerträglich finden, in aller Ruhe über *ihre eigene* Zukunft nachzudenken; sie hätten vielleicht ein »Kumpel-System« erfunden: Jeder Person wäre eine andere zugeordnet, die sich um sie kümmerte. Wir würden das wohl für äußerst umständlich halten – ausgenommen bei der Erziehung unserer Kinder, wenn diese sehr klein sind.

Nichts dergleichen hat in dem, was ich gesagt habe, irgendeine Rolle gespielt.

Nehmen wir einmal an, ich hätte Urteile über die Rationalität von Handlungen und die Gründe für solche Urteile richtig gekennzeichnet; und Elizabeth Anscombes Ausführungen über das Versprechen seien einfach eine besondere Anwendung allgemeiner (*spezies-orientierter*) Bewertungskriterien. Dann wird klar, so behaupte ich, wie man prinzipiell eine nicht-subjektivistische – sogar eine kognitivistische – Antwort auf Humes Forderung geben kann, daß Moral als »notwendigerweise praktisch« erwiesen werden muß. Ich behaupte, daß die Gesichtspunkte im Bereich von Versprechen, Freundlichkeit und Hilfe für Menschen in Not dieselbe Art von Verknüpfung mit Handlungsgründen haben wie Gesichtspunkte des Eigennutzes oder der Zweckmäßigkeit: Die Verknüpfung verläuft in jedem dieser Fälle über den Begriff der praktischen Vernunft und die Tatsachen menschlichen Lebens. Ich denke also, wir dürfen es für aussichtsreich halten, eine kognitivistische Alternative zu Theorien wie Emotivismus, Präskriptivismus und Expressivismus zu formulieren. Es handelt sich um eine Alternative, die den Weg einer notwendigen Verknüpfung zwischen moralischem Urteil und Handlung beschreitet, um die Probleme zu lösen, die diese Theorien zu lösen versuchten.

Man wird sicher an diesem Punkt folgendes einwenden: Selbst wenn entlang dieser Linien eine gewisse Verknüpfung zwischen moralischer Sprache und Handlung aufgewiesen worden ist – das moralische Urteil verweist auf Handlungsgründe –, ist die Verknüpfung an der falschen Stelle hergestellt worden. Man wird nämlich sagen, es sei keine Beziehung zwischen dem moralischen Urteil und der Handlung *eines jeden Einzelnen* aufgewiesen worden. Das allerdings würde ich bestreiten. In meiner »Theorie der praktischen Vernunft« sagt ein moralisches Urteil etwas über die Handlung eines jeden, den der Inhalt betrifft. Es sagt nämlich etwas über den Grund, der für *ihn* besteht, so zu handeln oder nicht so zu handeln – und zwar unabhängig davon, ob er dies anerkennt oder nicht, und auch unabhängig davon, ob er, wenn er den Grund anerkennt, auch aus ihm handelt, so wie er sollte. Darüber hinaus kann die Theorie moralisches Handeln bei demjenigen erklären, der weiß, daß er einen Grund hat, moralisch zu handeln. Denn das Handeln nach Gründen ist eine grundlegende Weise menschlichen Verhaltens. Auch das gehört zu meiner Erklärung des praktischen Charakters der Moral: Die Moral eignet sich dazu, Handeln hervorzubringen und zu verhindern, *weil das Verstehen von Gründen das tun kann.*

Wir müssen jedoch aufpassen, daß wir moralisches Urteilen nicht zu eng an das Handeln binden. Jemand, auf den ein wahres moralisches Urteil zutrifft, tut nicht immer das, was er, dem Urteil entsprechend, tun sollte. Vielleicht erkennt er nicht, daß das Urteil wahr ist, oder er erkennt es, handelt aber nicht danach. Auch wenn wir die Kraft von »Humes Forderung« anerkennen, müssen wir Unwissenheit, Willensschwäche und das Phänomen der Gewissenlosigkeit [*shamelessness*] zulassen. Man sollte es nicht als Nachteil ansehen, wenn meine »Theorie der praktischen Vernunft« auch für Gewissenlosigkeit Platz bietet. Zweifellos ist ganz unverhohlene Gewissenlosigkeit (selbst heute) ziemlich selten – zumindest in den Kreisen, in denen die meisten Philosophen verkehren. Man muß aber anerkennen, daß Gewissenlosigkeit mit der Verwendung moralischer Sprache koexistieren kann und daß sie nicht dasselbe ist wie Unaufrichtigkeit. Ich habe zum Beispiel von einer Gruppe von Großstadtrowdies gelesen, die für einen Tag aufs Land fuhren, um dort kleine, wehrlose Tiere niederzustrecken. Einer von diesen Leuten sagte, obwohl man ihn als »das Gewissen der Gruppe« beschrieb: »Ich weiß, ich werde vielleicht 70 Jahre alt, und mit dem Tod ist alles aus. Wenn ich mich dazu entschließe, meinen Tag draußen auf dem Land zu verbringen und zu tun und zu lassen, was ich will, dann werde ich genau das tun.« Und ich habe von einem Politiker der »Brooklyn Democratic Party« gelesen, der die Unverschämtheit besaß zu sagen: »Die Leute meinen, daß es schwer ist, für Recht und Gerechtigkeit einzustehen. Wirklich schwer ist aber, was ich tue: Tag für Tag, Woche für Woche für das Gegenteil einzustehen.« Ähnlich wie Alec d'Urberville in Hardys Roman* hätte dieser Politiker sagen können: »Ich habe schlimm gelebt, und ich werde schlimm sterben.« Und d'Urberville meinte

* Vgl. Hardy, T., *Tess von den d'Urbervilles*, S. 117. A. d. Ü.

wirklich, was er sagte – ohne die entfernteste Absicht, sich zu bessern.

Es stimmt, manche versuchen ihre Gewissenlosigkeit dadurch zu verbergen, daß sie die Moral angreifen. Aber mehr Leute, als wir wahrhaben wollen, sind einfach gewissenlos. Heißt das etwa, der Gewissenlose *mache* sich die *Norm* der Gerechtigkeit und Barmherzigkeit nicht *zu eigen*? In diesem Sinne gebraucht Gibbard die Worte *endorse* und *norm*, um die Äußerung einer Gemütsverfassung in einem moralischen Urteil zu bezeichnen. Nun, ich weiß nicht, was mit dem etwas gekünstelten Ausdruck *endorsing a norm* gemeint ist. Ich nehme an, daß die meisten Verbrecher sich nicht viele Gedanken um das Thema Moral machen. Sie werden darin dem britischen Politiker ähnlich sein, der, als er sich mit einem häßlichen Aspekt des Waffenhandels konfrontiert sah, gesagt haben soll: »Ich mache mir keine großen Gedanken darüber, was eine Gruppe von Fremden einer anderen antut.« Ich meine, der Entscheidung, ob man sich die Moral zu eigen macht oder nicht, kann man ausweichen, indem man es einfach ablehnt, über Moral nachzudenken. Und ich nehme an, die meisten von uns tun genau das von Zeit zu Zeit. Aber d'Urberville scheint in der Nacht, in der er Tess verführte, die Moral nicht aus seinem Bewußtsein verdrängt zu haben, als er sagte: »Ich habe schlimm gelebt, und ich werde schlimm sterben.« Und es ist wichtig, seine Haltung von der Auffassung derjenigen abzugrenzen, die man »(ideologische) Immoralisten« nennen kann, wie zum Beispiel Thrasymachos, Kallikles, Nietzsche und André Gide. Denn diese stellten in Frage, ob gut und böse wirklich das sind, wofür sie gehalten werden. Dagegen hat sich d'Urberville implizit die gewöhnliche moralische Meinung zu eigen gemacht, wie es auch der Politiker aus Brooklyn und vielleicht auch der zitierte »Großstadtjäger« getan haben. Letzterer scheint gedacht zu haben, es gebe doch einen Grund für ihn, harmlose Tiere leben zu lassen. Im Gegensatz zu diesen gewissenlosen Individuen führen die Immoralisten Argumente zugunsten eines abweichenden Standards für gut und schlecht an.

Ich bestreite natürlich nicht, daß es viele zweideutige Fälle gibt. Aber trotzdem existieren die beiden Pole der Gewissenlosigkeit und des Immoralismus. Und nicht der Gewissenlose ist *unaufrichtig*, wenn er über richtig und falsch genauso spricht wie wir, sondern wer im Grunde seines Herzens so denkt wie zum Beispiel Thrasymachos und Nietzsche.

Aus dem Argumentationsgang dieses Kapitels folgt daher, daß Hare unrecht hat, wenn er behauptet, moralische Sprache sei »präskriptiv« – und den präskriptiven Gebrauch der Sprache so beschreibt: Wer einer präskriptiven Aussage des Inhalts zustimmt, daß in der Situation C eine Handlung A moralisch falsch ist, und in C trotzdem A tut, ist mit logischer Notwendigkeit unaufrichtig.[17] Moralische Urteile sind, auch wenn wir sie aus einem anderen Grund »präskriptiv« nennen könnten, nicht *in diesem Sinne* »präskriptiv«.[18] Bis jetzt ist also kein guter Grund für die Annahme angeführt worden, es bestünde irgendeine Art von »logischer Kluft« zwischen einem moralischen Urteil und seinen Gründen.

An diesem Punkt muß ich jedoch nochmals auf den praktischen Charakter der Moral zu sprechen kommen, um zu sehen, wie sich meine Theorie angesichts einer völlig andersartigen Version des Nonkognitivismus ausnimmt, die heute populär ist. Weiter oben habe ich darauf hingewiesen, daß der Nonkognitivismus von der offensichtlich richtigen Vorstellung ausgeht, daß moralisches Urteilen eine besondere Verknüpfung mit Handlungen hat, insofern es, wie Hume sagte, dazu »dient, sie hervorzubringen und zu verhindern«. Auch handelt es sich hierbei nicht um eine kontingente Verknüpfung. Es gehört vielmehr zum Begriff der Moral, daß der Gedanke, etwas sollte getan werden, einen Bezug zur Handlung hat, den wir nicht finden bei Gedanken wie »Die Erde ist rund«, »Erdbeeren sind süß« und »In einem Krieg verlieren viele Menschen ihr Leben«. In diesem Kapitel habe ich die Annahme einer besonderen Verknüpfung anerkannt, aber anders gedeutet, nämlich so: Moralisches Handeln hat deshalb eine besondere Verknüpfung mit dem Willen,

17 Für Hares Antwort vgl. seinen Aufsatz »Off on the Wrong Foot«.

18 In einem anderen Sinne sind sie natürlich präskriptiv wie Befehle, Regeln, Gesetze, Warnungen, Kleiderordnungen usw. Christopher Coope hat mich darauf aufmerksam gemacht, daß es auf eine Weise für sehr viele Teile unserer Sprache eine »Forderung nach Praxisbezug« gibt.

weil es ein Erfordernis praktischer Rationalität ist. Aber gerade hier werden einige meiner nonkognitivistischen Opponenten ansetzen und ihre Chance wittern. Denn sie werden behaupten, die Tatsache, daß ein Subjekt einen Grund hat, etwas zu tun (zum Beispiel ein Versprechen zu halten), hänge selbst von seinen Gefühlen, Leidenschaften oder Wünschen ab. Sie werden wie folgt argumentieren: Wenn ein moralisches Urteil darüber, was ich tun sollte, einschließt, daß ich Gründe habe, so zu handeln, dann, so scheint es, impliziert das Urteil nicht nur »Kognitionen«, sondern auch etwas »Konatives«, etwas, das mit der Beteiligung des Willens zu tun hat. Eine nonkognitivistische, neo-Humesche Theorie der Handlungsgründe wird also zur Unterstützung einer neo-Humeschen Theorie moralischen Urteilens beschworen.

Viele zeitgenössische Nonkognitivisten werden diese Theorie der Handlungsgründe für besonders schlagkräftig halten; sie scheint meiner Theorie des praktischen Aspekts der Moral überlegen. Denn auch sie denken, daß jemand, der ein moralisches Urteil fällt, notwendigerweise einen Grund zu handeln hat. Die moralischen Ansichten einer Person sind zuweilen hinreichend, ihre Handlung zu erklären: Das moralische Urteil gab ihr einen »motivierenden Grund« für ihr Tun. Und meine Gegner denken, das würde eine die Person betreffende Tatsache einschließen: eine Tatsache, die deren Einstellungen, Gefühle oder Wünsche beträfe.

Heute wird das Argument häufig in der Form vorgebracht, daß seine Prämisse ist: Moralische Urteile sind »motivierende Gründe« für das Handeln. Damit meint man: Menschen tun etwas einfach deshalb, weil sie denken, so handeln zu *sollen*. Und dann erklärt man, was es heißt, ein solcher motivierender, handlungserklärender Grund sei Teil der »psychologischen Verfassung« eines Menschen.

Die verführerische Kraft dieser Theorie der Handlungsgründe ist beachtlich. Sie basiert ohne Zweifel auf dem Bild der psychologischen Bestimmungsgründe des Handelns, das John McDowell das mechanische oder hydraulische Bild genannt hat: ein Bild von Wünschen als Kräften, die den Willen in bestimmte Richtungen bewegen, und von Handlung als dem Ergebnis einer

Kombination von Überzeugung und Wunsch.[19] Solch ein Bild ist aber suspekt, wie McDowell sagt. Wie aber kommen wir überhaupt auf ein solches Bild? Worin besteht seine verführerische Kraft?

Zur Beantwortung dieser Fragen ziehe ich einen Aufsatz von Michael Smith heran, in dem er verteidigt, was er die »Humesche Theorie der Motivation« nennt. Er schreibt:

> Es kennzeichnet einen motivierenden Grund zu einer Handlung Φ, daß das Subjekt, insofern es so einen Grund hat, in einem Zustand ist, der *potentiell Φ erklärt*. ... [Und] daß die Gründe eines Handlungssubjekts das Potential haben, sein Verhalten zu erklären, bedeutet u.a., daß das Vorliegen dieser Gründe *sein Inneres charakterisiert*; d.h., daß die Ziele, die solche Gründe verkörpern, *seine* Ziele sind.[20]

Wir werden durch dieses Bild leicht verführt, denn es legt folgende Sicht nahe. Nehmen wir das Beispiel von jemandem, der seinen Vorrat an Zigaretten wegwirft. Er tut das, weil er das Rauchen aufgeben will. Und er will das Rauchen aufgeben, weil er ein gesundes Alter erleben will. Die Reihe geht weiter – A wegen B –, kann aber nicht endlos weitergehen.[21] Und muß sie nicht mit etwas aufhören, daß der Handelnde »einfach will« – mit anderen Worten, mit irgendeinem »konativen« Element in seiner individuellen psychologischen Verfassung?

Die Frage ist rhetorisch gemeint. Die Antwort lautet aber »Nein«. Woher nämlich, so müssen wir fragen, nimmt einer dieses Ziel? Stellt er fest, daß er beim Gedanken daran, mit 50 Jahren an Krebs zu erkranken, zittert? Ist er in einem Zustand der Besorgnis, wenn er bedenkt, wieviel er raucht? Vielleicht. Aber nichts von dieser Art muß eine Rolle spielen, wie Smith selbst zugesteht. Warum sagen wir also, daß das, was die ganze Sache

19 Vgl. McDowell, J., »Are Moral Requirements Hypothetical Imperatives?«, S. 18f. [»Sind moralische Forderungen hypothetische Imperative?«, S. 139ff.]

20 Smith, M., »The Humean Theory of Motivation«, S. 38. [»Die humeanische Theorie der Motivation«, S. 128; Übersetzung leicht modifiziert. A.d.Ü.]

21 Vgl. Hume, D., *An Enquiry Concerning the Principles of Morals* [*Eine Untersuchung über die Prinzipien der Moral*], App. 1.

anstößt, ein Wunsch oder ein anderes »konatives« Element in der »psychologischen Verfassung« des Subjekts sein muß? Nehmen wir statt dessen an, es sei die Einsicht, daß er wie jeder andere einen Grund hat, sich um seine Zukunft zu kümmern, soweit es die Umstände erlauben. Warum sollte die Reihe der Warum-Fragen nicht hier an ein Ende kommen? Wen bereits das Bild eines geistigen Mechanismus gefangen hält, der wird das bestreiten. Jeder andere hingegen kann erwägen, *warum wir nicht annehmen sollten, daß die Anerkennung eines Handlungsgrundes die Reihe beendet.* Die Anerkennung eines Grundes liefert dem Vernünftigen ein Ziel. Und diese Anerkennung beruht, dem Argument dieses Kapitels zufolge, auf Tatsachen und Begriffen, nicht auf irgendwelchen vorgängigen Einstellungen, Gefühlen oder Zielen. Die Geistesverfassung des Handelnden geht in das Erklärungspotential der Aussage über die Gründe seines Handelns nur insofern ein, als er die Wahrheit dieser Aussage nicht (aus irgendeinem abwegigen Grund) bestreitet. Er muß nur wie die meisten Erwachsenen wissen, daß es dumm wäre, ohne besonderen Grund die eigene Zukunft auszublenden. Keine besondere Erklärung ist nötig, wenn Menschen an ihre eigene Zukunft denken; eine Erklärung ist nötig, wenn sie es nicht tun. Und auch wenn Menschen kooperieren, bedarf es keiner besonderen Erklärung. Die meisten Leute wissen zum Beispiel, daß es unvernünftig ist, zu nehmen, ohne zu geben.

Wenn man die neo-Humesche Theorie der Handlungsgründe im allgemeinen ablehnt, darf man natürlich nicht vergessen, daß es auch Gründe gibt, die tatsächlich davon abhängen, was einer will. Wenn ich den Tadsch Mahal sehen will, habe ich einen Grund, mir ein Ticket nach Indien zu kaufen, nicht aber, wenn ich Fernöstliches nicht mag. Der Imperativ ist hypothetisch, wie Kant sagen würde: Sobald ich Indien nicht mehr sehen wollte, würde auch der Grund verschwinden. Ein weiteres anschauliches Beispiel ist folgendes: Jemand ist hungrig, hat aber keine Lebensmittel im Haus und geht hinaus, um sich etwas zu essen zu kaufen. Wäre er nicht hungrig, würde er diesen Grund hinauszugehen nicht haben. Und wenn nicht irgendein anderer Grund auszumachen wäre, könnten die Tatsachen über den Lebensmittelladen und die leere Vorratskammer nicht erklären, warum er zum Laden geht.

Meine Schlußfolgerung ist daher, daß die Anerkennung von »Humes Forderung nach Praxisbezug« den Nonkognitivismus in der Ethik weder unmittelbar (durch Bedingungen aufrichtiger moralischer Äußerungen) noch mittelbar (durch den Gedanken, daß moralisches Urteilen Handeln erklären kann) stützt. Und ein Grund für die Existenz einer logischen Kluft zwischen einem moralischen Urteil und seinen Gründen ist nicht in Sicht. Die Prämissen eines moralischen Arguments begründen ein Urteil darüber, was zu tun moralisch gut – und insofern praktisch vernünftig – ist. Und *niemand hat gezeigt*, daß das Urteil nicht sogar notwendig aus jenen Prämissen folgen könnte – wobei ich gewiß nicht behauptet habe, es sei so. Ich habe keine genaue Vorstellung davon, wieviel »Spiel« man letzten Endes dem moralischen Urteil zugestehen muß, wenn man an verschiedene moralische Traditionen denkt, und was wir an Grauzonen und an unvereinbaren Meinungen akzeptieren werden. Man kann das offen lassen.

Was bedeutet das für das Verhältnis von *Tatsache* und *Wert*? Die These dieses Kapitels lautet, daß ein moralisches Argument letztlich in Tatsachen des menschlichen Lebens gründet – Tatsachen, wie sie Anscombe anführt, wenn sie über das Gute spricht, das von der Einrichtung des Versprechens abhängt, und wie ich sie anführte, als ich darlegte, warum es zu menschlicher Rationalität gehört, daß jeder sich besonders um die eigene Zukunft kümmert. In meiner Sicht steht daher *moralische Bewertung* nicht im Gegensatz zu *Tatsachenbehauptung*, sie hat vielmehr mit Tatsachen einer besonderen Art zu tun – genauso wie Bewertungen solcher Dinge wie Sehvermögen und Gehör bei Tieren sowie anderer Aspekte ihres Verhaltens. Ich denke, niemand würde etwas anderes als eine Tatsache darin sehen, daß mit dem Gehör einer Glucke etwas nicht in Ordnung ist, die das Schreien ihres eigenen Kükens nicht ausmachen kann – ebenso wie mit dem Sehvermögen einer Eule, die im Dunkeln nicht sieht. Nicht weniger offensichtlich ist, daß es Bewertungen gibt, die auf der Lebensform unserer eigenen Spezies basieren – Bewertungen des Sehvermögens von Menschen, ihres Gehörs und Gedächtnisses, ihrer Konzentration usw., die objektiv sind und Tatsachen zum Ausdruck bringen. Warum scheint es dann so abwegig, daß sich auch die Bewertung des menschlichen Willens an Tatsachen der menschlichen Natur und des Lebens unserer Spezies orientieren muß? Der Widerstand hat zweifellos etwas mit dem Gedanken zu tun, daß die Qualität der guten Handlung eine besondere Beziehung zur Willensentscheidung hat. Wie ich aber zu zeigen versucht habe, ist diese besondere Beziehung nicht das, wofür Nonkognitivisten sie halten. Sie beruht vielmehr auf der Tatsache, daß Menschen Wesen mit der Fähigkeit sind, Handlungsgründe anzuerkennen und entsprechend zu handeln. Das schließt in keiner Weise aus, daß wir die Rolle anerkennen, die »Gefühle« [*sentiments*] wie Scham und Abscheu (negativ) oder Zuneigung, Selbstachtung und Stolz (positiv) bei der Motivation menschlicher Tugend spielen. Ich denke, David Wiggins hat zu Recht diese Seite von Humes Moralphilosophie immer wieder betont.[22]

22 Vgl. zum Beispiel Wiggins, D., »A Sensible Subjectivism?«.

2. Natürliche Normen

Ich hoffe, im 1. Kapitel Zweifel daran geweckt zu haben, daß es notwendig, ja überhaupt möglich ist, »moralische Sprache« expressivistisch zu interpretieren. Ich habe dargelegt, daß »Humes Forderung nach Praxisbezug« solchen Theorien ihre unzweifelhafte Anziehungskraft verleiht. Und ich habe versprochen, Gedanken über gutes und schlechtes Handeln so zu erklären, daß dieser Forderung auf andere Weise entsprochen wird. In den folgenden Kapiteln dieses Buches werde ich mich bemühen, dieses Versprechen einzulösen.

Das entscheidende Merkmal meiner eigenen Theorie ist folgendes: Ich werde die Bewertung menschlichen Handelns in einen größeren Zusammenhang stellen, und zwar nicht nur in den Zusammenhang der Bewertung anderer Merkmale menschlichen Lebens, sondern auch in den Zusammenhang wertender Urteile über die Eigenschaften und Vollzüge anderer Lebewesen. Expressivistische Theorien haben die erstaunliche, doch selten erwähnte Konsequenz, daß die Bewertung menschlichen Handelns nicht nur der Bewertung des menschlichen Sehvermögens, Gehörs und der körperlichen Gesundheit gegenübergestellt wird, sondern auch jeglicher Bewertung der Eigenschaften und Vollzüge von Pflanzen und Tieren.[1] Denn offensichtlich taugt eine expressivistische Theorie für keinen dieser anderen Bereiche: Die Verwendung des Wortes »gut« in Aussagen über die Wurzeln von Nesseln oder die Fangzähne von Raubtieren können wir nicht für den Ausdruck einer »Pro-Einstellung« halten. Heutzutage unterschlägt man solche Bewertungen leicht, als ob sie abstruse Übertragungen der »eigentlichen« Bewertungen wären, die unsere Einstellungen, praktischen Entscheidungen oder Wünsche ausdrückten. Von einem Philosophen, der den Begriff des Guten mit dem der Wahl erklären wollte, erfuhr ich einmal, die *guten* Wurzeln der Bäume seien jene, die wir »wählen würden, wenn wir Bäume wären«. Das aber bestätigte endgültig

1 Hier wie auch im folgenden meine ich mit »Tieren« nichtmenschliche Tiere.

meinen Verdacht gegen seine Art von Moralphilosophie. Wenn wir *gut* so auffassen wie Emotivisten und Präskriptivisten, werden wir es sehr merkwürdig finden, daß das Wort »gut« und verwandte Ausdrücke so eingesetzt werden können wie bei der Beschreibung sub-rationaler Lebewesen. Um nicht mißverstanden zu werden: Nahezu alles in der Welt kann gut oder schlecht genannt werden, sofern es in einem hinreichend engen Zusammenhang mit menschlichen Anliegen oder Bedürfnissen von Pflanzen bzw. Tieren steht. Doch Merkmalen von Pflanzen und Tieren kommt zu, was man eine »unabhängige«, »intrinsische« oder – so werde ich sagen – »natürliche« Qualität nennen kann, die nichts mit den Bedürfnissen und Wünschen der Mitglieder irgendeiner anderen Spezies zu tun haben muß. Und das unterscheidet sie von anderen Dingen der Außenwelt, zum Beispiel von Flüssen und Stürmen.

Einige Urteile über gut und schlecht haben anscheinend eine besondere »Grammatik«, wenn sie Lebewesen betreffen – ob Pflanze, Tier oder Mensch. Das zumindest ist die These, die ich in diesem Buch verteidigen werde. Diese besondere Verwendung von *gut* wird, meiner Einschätzung zufolge, leicht übersehen; vielleicht, weil wir so viele Bewertungen anderer Art vornehmen – zum Beispiel, wenn wir Unbelebtes in der Natur bewerten, wie etwa den Boden oder das Wetter, oder Artefakte, die von Menschen hergestellt werden (wie Häuser oder Brükken) oder von Tieren (wie Vogelnester und Biberdämme).[2] »Gut« wird in den zuletzt genannten Fällen, wie ich sagen möchte, in einem *sekundären* Sinne ausgesagt. Das gilt auch, wenn Lebewesen in bezug auf Mitglieder einer anderen Spezies als gut bewertet werden. Nur auf diese abgeleitete Weise können wir von gutem Boden, gutem Wetter usw. sprechen, nämlich insofern so etwas mit dem Leben von Pflanzen, Tieren oder uns selbst zu tun hat. Wir schreiben »gut« in diesem sekundären Sinne auch Lebewesen zu: zum Beispiel den Exemplaren einer Pflanzenart, die so wachsen, wie wir es wollen, oder Pferden, die

2 Der Fall von Artefakten ist besonders interessant, weil sie in manchen Hinsichten so wie Lebewesen bewertet werden, in anderen aber nicht. Diesen Punkt nenne ich nur, lasse ihn dann aber beiseite. Vgl. Foot, P., »Goodness and Choice« [»Gutsein und Wählen«].

uns so tragen, wie wir getragen werden wollen. Artefakte wiederum werden oft schon in bezug auf das Bedürfnis oder Interesse benannt und bewertet, dem sie vornehmlich dienen. Dagegen kann man »natürliche« Qualität, so wie ich sie definiere, nur Lebewesen selbst, ihren Teilen, Eigenschaften und Vollzügen zuschreiben. Sie ist intrinsisch oder »autonom«, insofern die Zuschreibung von *gut* unmittelbar von der Beziehung eines Individuums zu der »Lebensform« seiner Spezies abhängt. Auf dem unfruchtbaren Mars gibt es so etwas nicht, und selbst im sekundären Sinn können Dinge auf diesem Planeten nur dann gut genannt werden, wenn wir sie auf unser eigenes Leben beziehen – oder auf das von anderswo existierenden Lebewesen.

Wir werden selbstverständlich überlegen müssen, warum natürliche Qualität und natürlicher Defekt nur Lebewesen zukommen und nicht anderen Dingen in der Welt um uns herum, wie Steinen und Stürmen. Was hat es mit den Lebewesen auf sich, daß wir ihnen *gut* auf diese besondere Art und Weise zusprechen können? Warum kann man nicht in demselben Sinne zum Beispiel die Zuläufe von Flüssen gut nennen, wenn sie so beschaffen sind, daß der Fluß sein natürliches Verlaufsmuster vom Hochland bis zu einem See bzw. Meer durchhalten kann?

Vielleicht denkt man, die in den vorigen Absätzen angesprochenen Themen seien zwar für sich genommen interessant, aber von keinerlei Bedeutung für die Moralphilosophie. Genau das will ich bestreiten. Ich bin überzeugt, daß Bewertungen von Lebewesen dieselbe logische Grundstruktur und denselben logischen Status haben – trotz all der Unterschiede, die zwischen der Bewertung von Pflanzen und Tieren, ihren Teilen und Eigenschaften einerseits und der moralischen Bewertung von Menschen andererseits bestehen. Ich meine, man muß die Möglichkeit in Betracht ziehen, daß moralischer Defekt eine Form des natürlichen Defekts ist – von Defekten bei sub-rationalen Lebewesen nicht so verschieden wie gewöhnlich angenommen. Bevor ich aber weitere Argumente für diese Möglichkeit vorbringe, diskutiere ich *gut* als »natürliche Qualität« bei sub-rationalen Lebewesen.

Ich werde daher zunächst das natürlich Gute bei Pflanzen und Tieren erforschen. Dabei ziehe ich einen Aufsatz von Michael Thompson zu Rate: einen Aufsatz, den ich sehr bewundere.

Der Aufsatz heißt »The Representation of Life« und handelt von der Beschreibung von Lebewesen. Michael Thompsons These lautet: Um bestimmte Möglichkeiten der Beschreibung von einzelnen Organismen zu verstehen, müssen wir die logische Abhängigkeit dieser Beschreibungen von der Natur der Spezies beachten, der jene Individuen angehören. Spezies-Abhängigkeit ist Thompsons Leitmotiv. Aus diesem Grund beschäftigt er sich mit Aussagen der Form »S sind F« oder »Das S ist F«. Hier ist »S« Platzhalter für den Namen einer Spezies (oder einer »Lebensform« – so Thompsons Vorschlag für den Fall, daß »Spezies« anderweitig als Terminus technicus verwendet wird); und »F« ist Platzhalter für ein Prädikat. Repräsentativ ist also zum Beispiel der Satz: »Kaninchen sind Pflanzenfresser«, oder: »Das Kaninchen ist ein Pflanzenfresser«. Thompson kontrastiert die logische Form der Sätze »S sind F« (»Kaninchen sind Pflanzenfresser«) bzw. »S tun V« (»Kaninchen fressen Gras«) mit der logischen Form von »N. N. ist F« (»Frau Muff ist ein Kaninchen«) bzw. »N. N. tut V« (»Frau Muff frißt gerade Gras«).
Sich auf einen frühen Aufsatz von Elizabeth Anscombe beziehend, betont Thompson eine Eigenart der *logischen Form* der ersten beiden Sätze: Sie sind logisch nicht quantifizierbar.[3] Sie sprechen nicht von einem einzelnen Kaninchen, obwohl dieselbe grammatische Form selbstverständlich mit dieser Referenz verwendet werden kann – wenn etwa der Zauberer zu seiner Frau sagt: »Das Kaninchen sieht nicht gut aus.« Und natürlich trifft das Prädikat der Aussagen, die Michael Thompson interessieren, auch nicht auf jedes Mitglied der Spezies zu: »Katzen sind vierbeinig, aber Tibbles hat vielleicht nur drei.« Elizabeth Anscombes ursprüngliches Beispiel betraf die Anzahl der Zähne im menschlichen Gebiß – sie beträgt 32, obwohl die meisten Menschen ein paar Zähne bereits verloren haben und manche niemals die volle Anzahl besaßen. Man könnte für folgende Annahme argumentieren: Wenn »Das S ist F« (in dieser Art und Weise verstanden) wahr ist, müssen zumindest einige S F sein. Doch selbst wenn das so ist, erschöpft »Einige S sind F« offensichtlich nicht

3 Anscombe, G.E.M., »Modern Moral Philosophy«, in *Collected Philosophical Papers*, Bd. 3, S. 38. [»Moderne Moralphilosophie«, S. 235.]

den Gehalt so einer Aussage. Thompson spricht in diesem Zusammenhang von einer *naturgeschichtlichen Darstellung** [*natural-history account*] der Lebensform bzw. Spezies; damit meint er eine Darstellung der Lebensweise von Geschöpfen dieser Art. Wie die Beschreibung eines Individuums von seiner Spezies abhängt, dazu sagt eine seiner Thesen, daß »Lebensvollzüge« wie Fressen oder Fortpflanzung an einem Individuum ohne den Spezies-Bezug nicht einmal identifiziert werden können. Fressen zum Beispiel ist wesentlich, d. h. begrifflich, auf Ernährung bezogen. Welcher Vollzug Fressen zu nennen ist, kann nicht schlüssig durch eine Geschichte über Aufnehmen, Zerquetschen, Umformen und Ausscheiden von Substanzen entschieden werden. Denn der Zweck all dessen könnte statt Erhaltung von Gewebe zum Beispiel Verteidigung (in der Art und Weise des Stinktieres) sein. Mitose kommt bei Amöben und bei Menschen vor, und in Handbüchern wird sie einheitlich beschrieben. Aber nur bei Amöben, nicht beim Menschen, ist Mitose die Fortpflanzung eines Organismus.[4]

Thompson betont außerdem die Eigenarten des Zeitbezugs innerhalb naturgeschichtlicher Aussagen. Man sagt zum Beispiel, daß sich bestimmte Tiere in einer bestimmten Zeit des Jahres paaren und so und so viele Wochen oder Monate später gebären oder Eier legen. Wenn diese und ähnliche Zeitangaben in die Naturgeschichte eingehen, handelt es sich allerdings »zumeist um ein Früher und Später – ›im Frühjahr‹, ›im Herbst‹ –, nicht um ein Dann und Dann [...] – ›Als ich jung war‹ usw.«[5] Naturge-

* M. Thompson meint mit »Naturgeschichte« nicht die *diachrone* Beschreibung der Evolution einer Spezies, sondern die *synchrone* Beschreibung der Lebensweise einer bestimmten Spezies, wie sie bspw. in Dokumentarfilmen geboten wird. Das muß man berücksichtigen, wenn im folgenden von »Naturgeschichte«, »naturgeschichtlich« etc. die Rede ist. L. Wittgenstein verwendet den Ausdruck »Naturgeschichte« in diesem Sinne, wenn er zum Beispiel sagt: »(Tiere) verwenden die Sprache nicht [...]. Befehlen, fragen, erzählen, plauschen gehören zu unserer Naturgeschichte so wie gehen, essen, trinken, spielen.« (*Philosophische Untersuchungen* I, § 25.) A. d. Ü.

4 Thompson, M., »The Representation of Life«, S. 272 f.

5 A. a. O., S. 282.

schichtliche Sätze, die Thompson auch *Aristotelian categoricals** nennt, sprechen vom Lebenszyklus eines Individuums einer bestimmten Spezies.[6] Einerseits ist daher dieser Zyklus die Zeitspanne, mit der es derartige Sätze zu tun haben. Andererseits müssen wir uns auf eine längere Zeitspanne beziehen, da wir auch von *Fortpflanzung* sprechen und die Eigenschaften eines Individuums nicht entscheiden, was als *ein weiteres Individuum derselben Art* zählen wird.

Ein Einwand wird sicherlich lauten, Fortpflanzung sei wirklich nicht festgelegt, da Spezies selbst der Veränderung unterliegen. Das ist natürlich wichtig. Es bedeutet, daß *Aristotelian categoricals* Subspezies berücksichtigen müssen, die an lokale Bedingungen angepaßt sind. Jedoch ist die Geschichte einer Spezies nicht selbst der Gegenstand eines *Aristotelian categorical.* Die Wahrheit von *Aristotelian categoricals* ist die Wahrheit, die eine Spezies zu einem bestimmten Zeitpunkt ihrer Geschichte betrifft; und diese Aussagen sind überhaupt nur möglich, weil zumindest die allgemeinsten Merkmale der verschiedenen Arten von Lebewesen relativ stabil sind. *Aristotelian categoricals* sprechen von einer Pflanzen- oder Tierart zu einer bestimmten Zeit und in ihrem natürlichen Umfeld – wie ihre Mitglieder heranwachsen, sich erhalten, verteidigen und fortpflanzen. Wir besitzen die Naturgeschichte des Lebens einer bestimmten Spezies von Lebewesen nur, insofern wir vom Verlauf der Spezies-Evolution »Momentaufnahmen« machen können. Und nur, insofern wir eine »Naturgeschichte« haben, sind wir in der Lage, Individuen hier und jetzt als Lebewesen zu beschreiben.

Wir wollen nun fragen, inwiefern all das für die normativen Urteile relevant ist, die wir über Pflanzen und Tiere fällen – wenn wir zum Beispiel sagen, daß eine Pflanze in unserem Garten krank ist bzw. nicht richtig wächst oder daß eine bestimmte Löwin eine nachlässige Mutter ist oder daß ein bestimmtes Kaninchen nicht so fruchtbar ist, wie ein Kaninchen es sein sollte. Thompson unterstellt eine wirklich sehr enge Beziehung zwi-

* Eine angemessene, aber etwas umständliche Übersetzung für diesen Ausdruck wäre: Aristotelisch-kategorische Aussagen. Der besseren Lesbarkeit halber wurde hier aber das englische Original beibehalten. A. d. Ü.

6 A. a. O., S. 267.

schen einem *Aristotelian categorical* und der Bewertung: Wenn eine naturgeschichtliche Aussage »S sind F« zutrifft, dann ist ein Individuum S (ein Individuum hier und jetzt bzw. dann und dort), das nicht F ist, anders, als es sein sollte, nämlich schwach, krank oder auf eine andere Weise defekt.[7] Diese Bewertung ist das Produkt von zwei Aussagen logisch unterschiedlicher Art.

Im wesentlichen hat Thompson meines Erachtens recht, auch wenn mir in seiner Theorie der *Aristotelian categoricals* eine Lücke zu sein scheint, die hier gefüllt werden soll. Ich denke nämlich, daß er nicht ausreichend erklärt hat, wie die Art von Aussagen zu isolieren ist, mit denen sich Organismen bewerten lassen. Seine Rede von »naturgeschichtlichen Aussagen« ist vielleicht irreführend. In ihr gibt es nicht (zumindest nicht explizit) die Unterscheidung einer, wie ich sagen möchte, teleologischen von einer nicht-teleologischen Verknüpfung von Prädikaten mit dem Namen einer Spezies als dem grammatischen Subjekt. Betrachten wir zum Beispiel einen Satz wie »Die Blaumeise hat einen runden blauen Fleck auf ihrem Kopf«. Oberflächlich ähnelt er dem Satz »Der männliche Pfau hat einen strahlend bunten Schwanz«, aber natürlich sind sich die beiden Sätze auch wieder unähnlich. Unter der Voraussetzung, daß die Farbe des Kopfes keine Rolle im Leben der Blaumeise spielt, unterscheidet sie sich (nämlich in dieser Hinsicht) erheblich von der Farbe des Pfauenschwanzes. Wenn der Kopf der Blaumeise in meinem Garten gelblich braun gefärbt ist, hat sie nicht schon *deshalb* einen Defekt. Die Abweichung könnte zwar mit einem Defekt einhergehen, es müßte aber nicht so sein. Wie grenzen wir also diese zwei Aussagetypen voneinander ab? Ein weiteres Beispiel: »Blätter rascheln, wenn es windig ist« – wie unterscheiden wir das von »Blumen öffnen sich, wenn die Sonne aufgeht«? Man kann natürlich sagen, das Rascheln der Blätter spiele im Leben des Baumes keine Rolle, die Bestäubung gelinge hingegen nur, wenn sich Duft und Farben der Blumen im Sonnenschein entfalten. Dann aber müssen wir fragen, was wir meinen mit: *eine Rolle im Leben* eines Lebewesens *spielen*. Was zählt als *sein Leben* in diesem Zusammenhang? Und was heißt *eine Rolle spielen*?

7 A.a.O., S. 295.

Hier wird die besondere Verknüpfung zwischen *Aristotelian categoricals* und der Teleologie bei Lebewesen relevant, die Thompson zwar erwähnt, nicht aber eingehend untersucht hat. *Aristotelian categoricals* betreffen Organismen einer bestimmten Spezies und sagen etwas darüber aus, wie deren Merkmale aussehen und wie der Organismus als ganzer bzw. eines seiner Merkmale oder Teile funktioniert. Aber ich würde – jetzt nur in meinem und nicht in Thompsons Namen – sagen, daß man einen weiteren Schritt tun muß, um die Verknüpfung zwischen *Aristotelian categoricals* und Bewertung herzustellen. Ich würde sagen, daß bei Pflanzen und Tieren alle diese Dinge, unmittelbar oder mittelbar, mit Selbsterhaltung (zum Beispiel durch Verteidigung oder Nahrungsaufnahme) oder mit der Fortpflanzung des Individuums (wie beim Nestbau) zu tun haben. Das ist *das Leben*, das für die Art von Lebewesen charakteristisch ist, von der unsere *categoricals* handeln. Was in diesem Leben *eine Rolle spielt*, ist kausal und teleologisch hierauf bezogen – so wie bei Pflanzen das Treiben von Wurzeln auf Nahrungsaufnahme und das Anlocken von Insekten auf Fortpflanzung bezogen ist.[8]

Gehen wir von der Tatsache aus, daß es eine Basis für *Aristotelian categoricals* gibt, die mit Abzählen nichts zu tun hat. Was ist diese Basis? Bei dem, was ich über Blaumeise und Pfau sagte, habe ich darauf hingewiesen, daß einige, nicht jedoch alle generellen Aussagen über eine Spezies mit der Teleologie der Lebewesen dieser Art zu tun haben. Ein *Aristotelian categorical* der Spezies *Pfau* besagt, daß der männliche Pfau sein strahlendes Gefieder zur Schau stellt, *um* ein Weibchen während der Paarungszeit *anzulocken*. Das Zur-Schau-Stellen *dient diesem Zweck*. Wir wollen eine derartige Sprache Zwecksprache nennen. Doch Vorsicht! Wenn das Verhalten der Mitglieder einer Spezies in diesem Sinne zweckgerichtet ist, sollten wir uns hüten, von einem Individuum S zu sagen, es *verfolge* diesen Zweck. Pflanzen wachsen aufwärts, um zum Licht zu kommen, doch es

8 Es ist offensichtlich, daß die Kausalität in diesen Fällen eher die Kausalität notwendiger als hinreichender Bedingungen ist: Die Gefahren der Natur und die Existenz der Nahrungskette machen es sehr unwahrscheinlich, daß die meisten, auch der gesunden Mitglieder der meisten Tierspezies lange leben.

wäre wunderlich zu sagen, mein Geißblatt *versuche* oder *habe das Ziel*, ans Licht zu kommen. Man kann von Zugvögeln, die losfliegen, um an Insekten im Süden zu gelangen, nicht sagen, das sei *ihr* Ziel oder *ihr* Zweck – obschon man sagen kann: das ist das Ziel oder der Zweck des Verhaltens.[9] Für alle teleologischen Behauptungen ist entscheidend, daß man eine Antwort auf die Frage erwartet: »Welche Rolle spielt das Verhalten im Lebenszyklus von Exemplaren der Spezies S?« Mit anderen Worten: »Was ist seine Funktion?« oder »Wozu ist es gut?«[10]

Philosophen scheuen sich manchmal, teleologische Ausdrucksweisen anzuerkennen. Denn sie halten solche Ausdrücke für Überbleibsel einer Weltanschauung, in der die gesamte Natur als

9 Von einem Tier können wir nur selten sagen, es *versuche*, etwas zu tun. Vielleicht ist das nur dann angemessen, wenn das Tier über ein Repertoire verschiedener Möglichkeiten verfügt, ein »Ziel« zu erreichen, das eng mit diesen Verhaltensweisen verbunden ist – zum Beispiel wenn ein Hund versucht, aus einem Schuppen zu entkommen, in den er eingesperrt wurde.

10 Man darf das Wort »Funktion«, wie es hier verwendet wird, nicht mit seiner Verwendung in der evolutionären Biologie verwechseln. Dort wird, wie Simon Blackburn es im *Oxford Dictionary of Philosophy* formuliert hat, »die Funktion eines Merkmals eines Organismus häufig als diejenige seiner Rollen definiert, die für seinen genetischen Erfolg und seine Evolution verantwortlich gewesen ist« (S. 149f.). Merkmale, die in diesem Sinne funktional sind, nennt zum Beispiel Dawkins »Adaptationen« und definiert *Adaptation* zunächst historisch und dann als »näherungsweise ein Attribut eines Organismus, das ›für etwas gut‹ ist« (*The Extended Phenotype*, S. 290). In derartigen Kontexten unterstellt man, es sei sinnvoll, von dem Wohl einer Spezies zu sprechen, als ob eine Spezies selbst ein sich graduell entwickelndes, einmaliges Lebewesen wäre, dessen Leben sich über Jahrmillionen erstreckte. Die Ausrottung einer Spezies stellt man sich vielleicht als eine Art Tod vor und deshalb als ein Übel. Und man nimmt an, was ihre Fortsetzung ermöglicht, sei »ihrem Wohl zuträglich«. Man verwechselt leicht diese technischen Verwendungen von Wörtern wie »Funktion« und »Wohl« mit ihren alltäglichen Verwendungen; die Bedeutungen sind aber verschieden. Wenn man sagt, daß ein bestimmtes Merkmal eines Lebewesens eine Adaptation ist, verortet man es in der Geschichte einer Spezies. Sagt man hingegen, daß es eine Funktion hat, so bezieht man sich auf seine Rolle im Leben der Individuen, die zu dieser Spezies zu einer bestimmten Zeit gehören.

Spiegel des göttlichen Willens gilt.[11] Thompson hat aber sicherlich recht, wenn er sagt:

> Von natur-teleologischen Urteilen kann man also sagen, daß sie die Bestandteile einer Naturgeschichte organisieren; sie artikulieren die Abhängigkeitsbeziehungen zwischen den verschiedenen Elementen, Aspekten und Phasen einer bestimmten Art von Leben.
> Daher gilt: [. . .] Selbst wenn der göttliche Geist eine bestimmte Lebensform ins Sein brächte ›mit der Absicht‹, an den Ufern des Monongahela* rosa Fell in Hülle und Fülle zur Verfügung zu stellen, hätte das keine Auswirkung auf die natürlich-teleologische Beschreibung dieser Lebensform.[12]

Was aber bestimmt die Wahrheit der nicht-quantifizierbaren, teleologischen Aussagen, die Thompsons Bedingungen erfüllen? Wir beginnen damit, daß die besondere Lebensform einer Spezies von Pflanzen oder Tieren festlegt, wie das einzelne Exemplar sein sollte. Der Zusammenhang ist folgender: Die *Aristotelian categoricals* geben an, wie etwas im Lebenszyklus dieser Art geschieht. Und alle wahren Aussagen über die Bedeutung dieses oder jenes Merkmals, über seinen Zweck und ggf. seine Funktion, müssen auf diesen Lebenszyklus bezogen sein. Die Art und Weise, wie ein Individuum *sein sollte*, wird durch das festgelegt, was für Entwicklung, Selbsterhaltung und Fortpflanzung notwendig ist: Bei den meisten Arten gehört die Verteidigung dazu und bei manchen die Aufzucht der Jungen.[13]
Daher können wir sagen: Ein *Aristotelian categorical* unterscheidet sich von einer bloß statistischen Aussage über einige oder die meisten oder alle Mitglieder einer Art von Lebewesen zum Teil dadurch, daß es sich auf die Teleologie der Spezies bezieht. Es

* Fluß in West Virginia, USA. A. d. Ü.

11 Thompson, M., »The Representation of Life«, S. 293 f. Vgl. auch Lawrence, G., »Reflection, Practice and Ethical Scepticism«, Abschn. VI, 2.

12 Thompson, M., »The Representation of Life«, S. 293 f.

13 In den meisten Fällen sprechen wir davon, was jedes Mitglied einer Art sein und was es tun muß, damit *es* gedeiht. Aber selbstverständlich kann das Notwendige in einer Gruppe notwendig sein, zum Beispiel die Zusammenarbeit in einem Rudel oder der Gehorsam gegenüber einem Führer. Was ein Mitglied der Spezies ist oder was es tut, kann außerdem anderen als ihm selbst zum Vorteil gereichen.

sagt direkt oder indirekt etwas über die Art und Weise, in der Lebensfunktionen wie Fressen, Wachsen und Selbstverteidigung bei einer Spezies zustande kommen, die so und so ausgestattet ist und damit einem bestimmten Umfeld entspricht. Deshalb ist das Rascheln von Blättern in diesem Zusammenhang irrelevant, die Bildung von Wurzeln hingegen nicht. Und deshalb können *Aristotelian categoricals* statt statistischer Normalitäten *Normen* beschreiben. Im reproduktiven Leben des Pfaus *spielt* die strahlende Färbung des Schwanzgefieders *eine Rolle*; das Blau auf dem Kopf der Blaumeise aber spielt, so haben wir angenommen, keine Rolle für das, was hier als *ihr Leben* zählt. Und deshalb wäre das Fehlen der besonderen Färbung beim Pfau als solches ein Defekt, bei der Blaumeise hingegen nicht.

Also ist die »autonome« Bewertung eines bestimmten Lebewesens, d. h. eine Bewertung ohne Bezug auf unsere Interessen und Wünsche, dann möglich, wenn zwei Aussagetypen zusammenkommen: *Aristotelian categoricals* (Lebensform-Beschreibungen, die sich auf die Spezies beziehen) auf der einen Seite und Aussagen über bestimmte Individuen, die Gegenstand der Bewertung sind, auf der anderen Seite.

Wir sollten uns an diesem Punkt an die frühere Diskussion von »gut« und »schlecht«, angewendet auf Eigenschaften und Vollzüge von Pflanzen und Tieren, erinnern. Folgende Elemente kamen ans Tageslicht:

(a) Der Lebenszyklus, der in diesen Fällen, grob gesagt, in Selbsterhaltung und Fortpflanzung besteht.

(b) Das Ensemble von Aussagen, die angeben, *wie* Nahrung aufgenommen wird, wie Entwicklung stattfindet, welche Mittel der Verteidigung zur Verfügung stehen und wie Fortpflanzung gesichert wird.

(c) Von alledem werden *Normen* abgeleitet, die zum Beispiel vom Hirsch eine bestimmte Schnelligkeit, von der Eule Nachtsicht und vom Wolf kooperative Jagd verlangen.

(d) Durch die Anwendung dieser Normen auf ein Exemplar der betreffenden Spezies urteilen wir, daß es (dieses Individuum) so ist, wie es sein sollte, oder aber, daß es in einer bestimmten Hinsicht mehr oder weniger defekt ist.

Hier gibt es viele Details, die für das Ziel dieses Buches nicht von

Belang sind. Man muß aber mehr darüber sagen, wie *Aristotelian categoricals*, indem sie das *Wie* und das *Was* des Lebenszyklus beschreiben, die Normen bestimmen, nach denen einzelne Lebewesen, die hier und jetzt existieren bzw. dann und dort existiert haben, zu beurteilen sind.

Zur Veranschaulichung wollen wir folgendes *Aristotelian categorical* betrachten: »Der Hirsch ist ein Tier, dessen Verteidigungsform die Flucht ist.« Daraus ergibt sich, daß einem Hirsch, der langsam zu Fuß ist, etwas fehlt. Ein Hirsch benötigt Schnelligkeit, um seinen Verfolgern zu entkommen, nicht Aggressivität oder Tarnung. Doch hier müssen zwei Bemerkungen hinzugefügt werden. Erstens: Schnelligkeit ist für sein Überleben nur *angemessen* – in manchen Situationen wird auch die (für diese Tierart) größtmögliche Geschwindigkeit nicht ausreichen. Außerdem kann es manchmal vorkommen, daß durch Zufall gerade der schnellste Hirsch auf der Flucht vor einem Verfolger in eine Falle gerät.[14] Zweitens: Was ein Vorzug und was ein Defekt ist, hängt von dem natürlichen Umfeld der Spezies ab. Auch in einem Zoo ist ein Fluchttier wie der Hirsch, wenn es lahmt, insofern defekt und nicht, wie es sein sollte – obwohl das unter den zufälligen Umständen weder für Verteidigung noch für Nahrungsaufnahme, Paarung oder Aufzucht der Jungen ein Nachteil sein muß.

Ein weiterer Gesichtspunkt bei der Beschreibung der Lebensform bestimmter Tiere ist, daß sie kooperativ leben. Die Schnelligkeit eines Hirsches hilft *ihm*, sein eigenes Leben zu bewahren, indem er einem Verfolger entkommt. Und eine Eule ist auf Nachtsicht angewiesen, wenn *sie* überleben und ihre Jungen aufziehen will. Tatsächlich gibt es neben den vielen Beispielen dieser Art im Tierleben auch solche, bei denen wir von »fremdnützigen« Qualitäten und Mängeln sprechen können. Nehmen wir zum Beispiel den Tanz der Honigbiene, der andere Bienen über eine Nahrungsquelle informiert. Zweifellos leidet eine einzelne Biene, die das Tanzen unterläßt, nicht selbst an ihrem Versagen, aber *ipso facto* ist mit ihr etwas nicht in Ordnung, weil sie nicht

14 Wie auch es auch passieren kann, daß der begabte Bogenschütze die Zielscheibe beim Aufkommen einer launigen Windböe verfehlt.

tanzt – und zwar aufgrund der Rolle, die das Tanzen im Leben dieser Bienenspezies spielt. In ähnlicher Weise ist das Gute im Leben des Wolfs von Kooperation abhängig. Der trittbrettfahrende Wolf verhält sich nicht so, wie er sollte. Derartige Tatsachen werden bedeutsam sein, wenn wir die Analogien und Disanalogien der »Lebensformen« von Tieren und Menschen betrachten. Peter Geach sagte in seinem Buch *The Virtues*, daß »Menschen die Tugenden so benötigen wie Bienen Stacheln«, wobei er bewußt den fremdnützigen Aspekt von Tugenden wie Gerechtigkeit und Barmherzigkeit berücksichtigte.[15] Geachs Ausdrucksweise könnte allerdings verwirren. Ich ziehe es daher vor zu sagen, daß Tugenden im Leben von Menschen eine notwendige Rolle spielen, so wie es Stacheln im Leben von Bienen tun. Denn natürlich ist es falsch zu behaupten: »Bienen *müssen* stechen« – als ob eine Biene litte, wenn sie nicht stechen würde. Ebenso irreführend wäre es zu sagen, »Diese Affen müssen einander lausen«, wenn wir uns eine Affenart vorstellen, deren Mitglieder sich (ohne einen Lohn dafür zu empfangen) gegenseitig, nicht aber selbst lausen. Der Satz legt das Bild kleiner, ängstlicher Affen nahe, die solange nicht zur Ruhe kommen, bis sie etwas finden, das sie lausen können!

Lassen wir jetzt diese Bemerkungen über die verschiedenen Formen auf sich beruhen, die *Aristotelian categoricals* bei Pflanzen und Tieren annehmen können; und fassen wir zusammen, was sich im Blick auf die natürlichen Normen herausgestellt hat, die in diesem Bereich unabhängig von menschlichen Wünschen und Interessen existieren. Wir haben gesehen, daß natürliche Qualitäten und Defekte bei Pflanzen und Tieren wesentlich von der Lebensform der Spezies abhängen, zu der ein Individuum gehört. Biegsamkeit ist für einen Schilfhalm gut, bei einer Eiche hingegen ein Defekt. (Als der Sturm tobte, wurde La Fontaines prahlerische Eiche vom Schilfhalm beschämt.) Und ein Forscher hätte unrecht, wenn er der ersten Schildkröte, der er begegnete, wegen ihrer Langsamkeit schlechte Noten gäbe. Eine Stärke oder eine Schwäche bei einem Lebewesen kann nicht genauso identifiziert werden wie zum Beispiel der Härtegrad eines Ge-

15 Geach, P., *The Virtues*, S. 17.

steins. Bei Pflanzen und Tieren ist »gut« in ein ineinandergreifendes Ensemble allgemeiner Begriffe wie *Art, Leben, Tod, Fortpflanzung* und *Ernährung* eingebunden, zusammen mit spezifischeren – wir können sagen: lokalen – Vorstellungen wie *Früchte-Tragen, Fressen* oder *Fliehen*. Auch stellen wir fest: Die Verwendung dieser und ähnlicher Ausdrücke ist in solchen Zusammenhängen wörtlich, außerhalb des Bereichs von Lebewesen jedoch meistens merkwürdig oder metaphorisch. Wir mußten auch nicht auf Beschreibungen spezifisch menschlichen Lebens zurückgreifen, als ob die Sprache von hier übertragen werden müßte, um verständlich zu sein. Intelligente Marsbewohner, die selbst nicht in den Kategorien guter und schlechter Verfassung dächten, könnten (auch wenn sie im Regenwald landeten und von Menschen nichts wüßten) realisieren, daß Pflanzen und Tiere auf der Erde in Aussagen einer besonderen logischen Form beschrieben werden können. Und sie könnten schließlich über die neu entdeckten Lebewesen so sprechen wie wir. Sie sähen zu Recht die Existenz dieser besonderen Klasse von Gegenständen auf der Erde als eine äußerst interessante ontologische Tatsache an, die es ihnen erlaubte, eine Reihe von Begriffen zu erfinden und anzuwenden, die ihnen vorher unbekannt gewesen wären.

Bis jetzt habe ich über »gut« im primären Sinne bei Menschen nichts gesagt. Und für mein Vorhaben ist es entscheidend, daß wir nichts unter der Hand hineinschmuggeln. Wir müssen neu einsetzen, wenn wir jetzt zu klären versuchen, wie *Qualität* beim Sehvermögen, bei der Fortbewegung usw. von Menschen bestimmt ist. Ein Neuansatz ist erst recht im Blick auf die Qualität von etwas gefordert, das ausschließlich im Leben von Menschen vorkommt, wie Charakter, Handeln und Wille. Wir sollten aber zur Kenntnis nehmen, daß wir bei der Beschreibung natürlicher Qualität im Pflanzen- und Tierleben von normativen Urteilen über *gut* und *mangelhaft* gesprochen haben, die man auch hier ohne Zögern »bewertend« nennt. Wenn ein Philosoph meint, »normative« Sprache sei etwas anderes als diese Sprechweise, denkt er vielleicht, *wirkliche* Normen seien etwas, das man *sich zu eigen mache*. Ich hoffe allerdings, daß die Argumente des 1. Kapitels Zweifel geschürt haben, ob wir wirklich wissen, was das bedeutet.[16] Auf jeden Fall gründen die Normen, über die wir bislang gesprochen haben, auf *Tatsachen*, die Gegenstände der natürlichen Welt betreffen. Nichts nötigte uns zu der Annahme, in Bewertungen nicht-menschlicher Lebewesen müsse man unsere Verwendung von »gut« erklären, indem man auf *Empfehlung* oder irgendeinen anderen *Sprechakt* rekurriert; und »gut« wird auch nicht verwendet, um irgendeinen psychischen Zustand auszudrücken. Die Hauptthese dieses Buches ist, daß Aussagen über Qualitäten beim Menschen – auch solche, die es mit der guten Verfassung von Charakter und Handeln zu tun haben – nicht mit Hilfe derartiger psychologischer Begriffe zu verstehen sind. Thompson charakterisiert meine Auffassung treffend, wenn er sagt, ich sähe Laster als eine Form des natürlichen Defektes an,[17] und ich habe daher einen entsprechenden Titel für dieses Buch gewählt.

Gewiß bin ich die erste, die eingesteht, daß der äußere Schein gegen meine These spricht. Wie kann es überhaupt eine menschliche Lebensform geben, der tatsächlich dieselbe logische Rolle bei der hiesigen Bestimmung von *gut* zukäme wie den Lebensformen von Pflanzen und Tieren? Man wird sicherlich die Idee zurückweisen, daß eine natürliche Lebensform, die charakteristisch für den Menschen ist, bestimmen könnte, was wir tun *sollen*. Was kümmert es mich, zu *welcher Spezies* ich gehöre? Müssen wir nicht im Namen von Individualität und Kreativität dagegen protestieren, daß die menschliche *Spezies* angeführt wird, wenn es darum geht, was ich, diese besondere Person, tun sollte?

Am Schluß des Buches werde ich mich der Aufgabe stellen, derartige Proteste im Namen menschlicher Freiheit und Individualität zu erörtern. Doch zunächst müssen wir sehen, wie sich Thompsons Schema ausnimmt, wenn es auf menschliches Leben angewendet wird.

16 Machte sich der amerikanische Politiker aus Kap. 1 die Norm *zu eigen*, die er anerkannte, wenn er sagte, *wirklich* schwer sei, Tag für Tag für Unrecht einzutreten?

17 »The Representation of Life«, S. 296.

3. Der Übergang zum Menschen

Im vorigen Kapitel beschrieb ich die Bewertung der Eigenschaften und Vollzüge von Pflanzen und Tieren, sofern diese Lebewesen für sich betrachtet werden – ohne Bezug darauf, was wir von ihnen erhoffen oder von welchem Nutzen sie für Spezies anderer Lebewesen sind. Das 2. Kapitel handelte also von dem, was ich »natürlichen« Vorzug und Defekt nenne. Ich sprach über *gut* und *schlecht* und damit über Bewertung in ihrer allgemeinsten Form. Genausogut hätten wir aber zum Beispiel von *stark* und *schwach* oder von *gesund* und *krank* reden können. Oder aber wir hätten Pflanzen oder Tiere unter dem Gesichtspunkt betrachten können, daß sie so sind bzw. nicht so sind, wie sie sein *sollten*.

Die im 2. Kapitel aufgedeckten begrifflichen Muster will ich *Muster natürlicher Normativität* nennen. Die nächste Frage ist: Finden wir dieselbe Urteilsstruktur, wenn wir zunächst von Pflanzen und Tieren zu Menschen übergehen und dann von der Bewertung menschlicher Eigenschaften und Vollzüge im allgemeinen zur Bewertung des Willens im besonderen?

Die Idee, daß irgendwelche Eigenschaften und Vollzüge von Menschen auf dieselbe Weise wie die von Pflanzen und Tieren bewertet werden können, wird wohl direkt Einspruch provozieren. Die Idee impliziert nämlich, daß zumindest manche unserer Urteile über gut und schlecht bei Menschen aufgrund der Bedingungen menschlichen Lebens wahr bzw. falsch sind. Und selbst wenn man zugesteht, daß bestimmte Bewertungen dieser Art möglich sind – solche, von denen man vielleicht vage annimmt, sie seien »bloß biologisch« –, wird man bestimmt dem Gedanken skeptisch gegenüberstehen, daß »moralische Bewertung« demselben Muster folgt. Wir müssen doch von neuem beginnen, so der Einwand, wenn wir über den Gegenstand der Moralphilosophie nachdenken. Ich glaube jedoch, das stimmt nur zum Teil. Wer auf einem Neubeginn besteht, tut das wohl in der Meinung, die zentrale Bedeutung eines Wortes wie »gut«, wenn es »in einem moralischen Urteil« verwendet wird, müsse etwas mit dem Ausdruck von Pro-Einstellungen und Gefühlen zu tun haben oder aber mit dem Vollzug von »Sprechakten« wie Empfehlung oder Verpflichtung. Aber genau dieses Vorurteil zur Bedeutung von »gut« in sogenannten »moralischen Kontexten« habe ich im Eröffnungskapitel dieses Buches angegriffen, um überhaupt für den folgenden Gedanken Gehör zu finden: *Die Bedeutung von »gut« ist dieselbe, ob das Wort in »gute Wurzeln« oder in »gute Dispositionen des menschlichen Willens« verwendet wird.*

Ich für meinen Teil bestreite natürlich nicht, daß sich die charakteristischen Zusammenhänge und Zwecke ändern, wenn man von der Bewertung von Wurzeln zur Bewertung menschlicher Handlungen und Wünsche übergeht. Für die Wurzeln von Pflanzen interessieren wir uns im Gartencenter. Das Interesse an gutem Handeln hat hingegen eher mit Lebensentwurf, Erziehung von Kindern oder Entscheidungen der Sozialpolitik zu tun. Die Überzeugung, das Wort »gut« müsse in den beiden Fällen etwas Verschiedenes *bedeuten*, ist aber meines Erachtens einfach ein Vorurteil, genährt durch die Art ethischer Theorien, welche die analytische Philosophie im letzten halben Jahrhundert dominierte.

Wir wollen also nicht vorschnell entscheiden, ob und inwiefern ein Neubeginn notwendig ist, wenn wir das Thema *Qualität und Defekt des menschlichen Willens* angehen. Menschen können auch auf viele andere Weisen als besser oder schlechter beurteilt werden, und wir sollten zunächst untersuchen, ob das Schema natürlicher Normativität dort angebracht ist oder aber aufgegeben werden muß, sobald man den Übergang zur Bewertung von rationalen Wesen wie uns selbst vollzieht.

Welche Unterschiede und Ähnlichkeiten finden wir nach diesem Übergang? Mit dem Wechsel des Gegenstandes wird es natürlich eine gewaltige Zunahme von Bewertungshinsichten geben – schon deshalb, weil menschliches Leben so viele und so verschiedenartige Aktivitäten umfaßt: Menschen tun eben so viele unterschiedliche Dinge. Diese Vielfalt verdient jedoch für sich genommen vom Standpunkt des Philosophen aus noch nicht das größte Interesse – vorausgesetzt, daß wir als Philosophen die *begriffliche Struktur* der Bewertung verstehen wollen und nicht alle Töne und Farben der belebten Welt. Wir werden also zum

Beispiel nicht entdecken wollen, worin das Gute im Falle der Tätigkeit des Hausbaus im Unterschied zu der des Nestbaus *besteht*, sondern vielmehr, was die Qualität der Ausführung dieser und ähnlicher Tätigkeiten mit der Lebensweise und dem Wohl unserer eigenen Spezies zu tun hat.

Die Frage ist also, ob Eigenschaften und Vollzüge von Menschen in bezug auf ihre Rolle im menschlichen Leben gemäß dem Schema der natürlichen Normativität bewertet werden können, das wir bei Pflanzen und Tieren entdeckt haben. Dafür spricht, daß sich ein bestimmtes Netzwerk von Begriffen wie *Funktion* und *Zweck* bei der Bewertung aller Arten von Lebewesen, einschließlich des Menschen, findet. Es ist selbstverständlich möglich, daß die Bedeutung von Wörtern wie »Funktion« oder »Zweck« verschieden ist, wenn von Eigenschaften und Vollzügen der Pflanzen und Tiere einerseits und von solchen der Menschen andererseits gesprochen wird. Es scheint aber von Bedeutung zu sein, daß es eine bestimmte *Form* von Erklärung – die teleologische Erklärung – gibt, auf die in beiden Fällen die Vorstellung von Funktion und Zweck bezogen ist.

Wenn wir mit Blick auf Pflanzen oder Tiere fragen, *warum* sie eine bestimmte Sache tun oder ein bestimmtes Merkmal haben, geben wir uns mit einer Antwort zufrieden, die dieses Tun bzw. Merkmal im Leben der Spezies verortet.[1] Wenn wir die beteiligten Begriffe untersuchen, wäre es doch außerdem merkwürdig, wenn wir in den Bereichen der Botanik und der Zoologie keine gemeinsame Bedeutung oder logische Struktur von Bewertungen fänden. Der radikale Unterschied der beiden Arten von Lebewesen läßt anscheinend die gemeinsame Bewertungsstruktur unangetastet. Tiere leben ganz anders als Pflanzen; denn Wahr-

1 Wir interpretieren die Frage nicht historisch, wie es zum Beispiel Ruth Millikan (in *Language, Thought, and Other Biological Categories*, Kap. 1) tut, wenn sie »arteigene Funktion« (*proper function*) erklärt, und wie man es im allgemeinen in der evolutionären Biologie tut, wenn man »Funktion« deutet. Wie David Wiggins im Nachwort zu *Needs, Values, Truth* (S. 353) sagt: »Tatsächlich müssen wir die Moral in dem Zustand beschreiben, der sich nun einmal *entwickelt hat* – zu dieser Untersuchung leistet die Evolutionstheorie keinen besonderen Beitrag.«

nehmung spielt eine große Rolle für die Art und Weise, wie Tiere Nahrung aufnehmen, sich verteidigen und fortpflanzen. Und doch gibt es auf Anhieb keinen Grund zu der Annahme, daß das Wort »Funktion« in einem Satz über die Funktion der Entfaltung des Pfauenschwanzes eine andere Bedeutung hat als in einem Satz, der vom Aufgehen einer Blume im Sonnenlicht spricht. Anscheinend gibt es eine die gesamte sub-rationale Welt durchziehende Identität der allgemeinen Struktur solcher Erklärungen – trotz der Unterschiede, die bei einer Reihe untergeordneter Begriffe auftauchen. Es stimmt zum Beispiel, daß eine Antwort auf eine Warum-Frage sich bei einem Tier auf ein Streben beziehen kann und insofern nicht bloß davon handelt, was das Tier benötigt, sondern auch davon, was es will, sogar davon, was es »zu tun versucht«. Da Pflanzen nichts wünschen und nichts erstreben, können weder Eigenschaften noch Vollzüge einer Pflanze durch ihr Wollen erklärt werden. Wir sagen zwar manchmal, eine Pflanze »versuche, ans Licht zu kommen«; es handelt sich hier aber um eine uneigentliche Wortverwendung. Dennoch finden wir, wie bereits dargelegt, bei so verschiedenen Dingen wie Pflanzen und Tieren dieselbe terminologische Struktur, wenn wir von Qualität oder Defekt der Teile, Eigenschaften und Vollzüge sprechen. Und auch Begriffe wie *Funktion* und *Zweck* und Ausdrücke wie *um zu* oder *damit* haben beide Male denselben Sinn.

Die Frage bleibt aber: Benötigen wir eine neue Theorie der Bewertung, sobald wir einmal den Übergang von sub-rationalen Wesen zu rationalen Wesen vollzogen haben? Meine Kritiker werden sicherlich sagen, es müsse so sein angesichts der Rolle, die der Lebenszyklus einer Pflanze bzw. eines Tieres zu Recht in Michael Thompsons Erklärung der begrifflichen Struktur spielte, innerhalb deren die Bewertung von Eigenschaften und Vollzügen eines Individuums stattfand. Denn so eine Bewertung gründet auf der allgemeinen Beziehung dieser Art von Merkmal zu dem Lebensmuster, das bei Exemplaren dieser Spezies den Maßstab für gut und schlecht liefert.* Wie könnte es uns aber bei

* Orig.: »[. . .] the pattern of life that is the *good of* creatures of this species.« A. d. Ü.

Menschen gelingen, einen solchen Maßstab in denselben Begriffen zu fassen? Der Lebenszyklus einer Pflanze oder eines Tieres hat letztlich mit Entwicklung, Selbsterhaltung und Fortpflanzung zu tun. Wollen wir wirklich behaupten, menschliche Stärken und Schwächen, ja selbst Tugenden und Laster, müßte man unter Bezugnahme auf solche »biologische« Zyklen ausmachen?

Dieser Einwand beruht zwar auf der irrigen Vorstellung, die Naturgeschichte des Menschen könne allein mit Begriffen des Tierlebens auskommen, er wirft aber dennoch ein äußerst wichtiges und schwieriges Thema auf. Tatsächlich haben wir nämlich im Laufe der Beschreibung »natürlicher Qualitäten« bei Pflanzen und Tieren implizit von zwei Ideen Gebrauch gemacht: Die eine bezieht sich auf die Frage, *was gut für ein Lebewesen ist*, die andere auf die Frage, *wie gut das Lebewesen in verschiedenen Hinsichten verfaßt ist*. Die beiden Ideen sind zwar aufeinander bezogen, aber doch verschieden. Das zeigt sich, wenn man fragt, was es bedeutet, einer Pflanze oder einem Tier zu nützen. Häufig ist einem Lebewesen sicherlich dadurch gedient, daß sich seine Verfassung bessert. Und es muß eine systematische Verknüpfung zwischen natürlicher Qualität und Nutzen geben – ob Nutzen für das Individuum selbst oder für andere, wie im Fall der stechenden Biene. Daraus folgt jedoch nicht, Eigen- oder Fremdnutzen resultiere aus der guten Verfassung des Individuums unabhängig von den jeweiligen Umständen, in denen es sich zufällig befindet. In meinem früheren Beispiel war es der schnellste Hirsch, der den anderen vorauseilte und dem Jäger in die Falle ging. Und die tadellos funktionierende Biene, die einen Gärtner sticht, kann leicht die Zerstörung des ganzen Bienenstocks verursachen.

Ob einzelne Pflanzen oder Tiere es schaffen, so zu leben, wie es gut für sie ist, hängt ebenso vom Zufall wie von ihren eigenen Qualitäten ab. Doch was bei ihnen gut bzw. schlecht ist, wird begrifflich vom Zusammenspiel des natürlichen Umfeldes und natürlicher (für die Spezies allgemein geltender) Überlebens- und Fortpflanzungs-»Strategien« festgelegt. Begrifflich wird die Qualität von Eigenschaften oder Vollzügen durch den spezieseigenen Bezug auf Überleben und Fortpflanzung bestimmt;

denn nichts anderes als Überleben und Fortpflanzung nach der Art der jeweiligen Spezies ist das Gute in der botanischen und zoologischen Welt. An diesem Punkt kommen die Fragen »Wie?«, »Warum?« und »Wozu?« an ein Ende. Das ist natürlich anders, wenn wir uns mit Menschen beschäftigen.

Nehmen wir zum Beispiel die Fortpflanzung: Ein Fehlen der Fortpflanzungsfähigkeit ist ein Defekt des betreffenden Menschen. Doch die Entscheidung für Kinderlosigkeit oder Zölibat ist deshalb nicht schon schlecht. Denn das Wohl des Menschen ist nicht dasselbe wie das Gut der Pflanze bzw. des Tieres. Das Gebären und Aufziehen von Kindern ist im menschlichen Leben kein letztes Gut, weil andere Komponenten des Guten, die Anforderungen der Arbeit etwa, den Verzicht auf ein Familienleben begründen können. Andererseits bedeutet Elternschaft ein großes (und oft mühsames) Gut, das mit Dingen zu tun hat, die im Tierleben einfach nicht vorkommen – nämlich mit Liebe und Ehrgeiz der Eltern für ihre Kinder, mit der besonderen Rolle von Großeltern usw.

Das Gut des Überlebens selbst ist bei Menschen ebenfalls komplexer als bei allen Tieren, wie nahe sie uns auch verwandt sein mögen. Der menschliche Überlebenswille ist natürlich instinkthaft. Oft hat er aber außerdem mit einer verzweifelten Hoffnung zu tun, daß sich irgend etwas, allem Anschein zum Trotz, in der Zukunft als gut erweisen werde. Und die Kostbarkeit der einzigartigen Erinnerungen, die jeder von uns hat, kann einem wohl selbst unter den fürchterlichsten Umständen Halt bieten. Mit anderen Worten: Die Teleologie des Menschen erschöpft sich nicht im Überleben allein.

Die Idee »Wohl des Menschen« ist zutiefst problematisch. Vielleicht ist man geneigt, dieses Wohl für das Glück zu halten – doch man müßte noch eine Menge sagen, damit dies richtig verstanden wird. Das werde ich in einem späteren Kapitel tun. Hier will ich nur Wittgensteins Ausspruch auf dem Sterbebett in Erinnerung rufen: »Sagen Sie ihnen, daß ich ein wundervolles Leben gehabt habe!«* Das Beispiel sollte uns lehren, nicht zu

* Zit. n. Wuchterl, K./Hübner, A., *Ludwig Wittgenstein*, Reinbek b. Hamburg 2001, S. 131. A. d. Ü.

schnell jedes gute Leben ein »glückliches Leben« zu nennen. Wittgenstein hatte sicherlich kein glückliches Leben – geplagt und selbstkritisch, wie er war.

Daher sind die Idee eines guten menschlichen Lebens und die Frage nach dessen Beziehung zum Glück jeweils zutiefst problematisch. Zudem gibt es eine so große Mannigfaltigkeit bei Menschen und menschlichen Kulturen, daß das Schema natürlicher Normativität von Beginn an untauglich zu sein scheint. Trotz aller Vielfalt menschlichen Lebens ist es aber möglich, ziemlich allgemein menschliche Notwendigkeiten aufzulisten, d. h., Dinge aufzuzählen, von denen im großen und ganzen das Wohl des Menschen abhängt – wobei diese Liste durchaus zunächst das angeben mag, was menschliches Leben auf jeden Fall beeinträchtigen würde. Wir erkennen dann nämlich sofort, daß menschliches Wohl von vielen Eigenschaften und Fähigkeiten abhängt, auf die kein Tier und erst recht keine Pflanze angewiesen ist, zum Beispiel von physischen Eigenschaften wie der Ausstattung mit einem Kehlkopf, der die Unzahl von Lauten zuläßt, die menschliche Sprache ausmachen, sowie mit einem Gehör, das diese Laute unterscheiden kann. Menschen müssen auch geistig dazu in der Lage sein, eine Sprache zu erlernen. Sie benötigen außerdem die Kräfte der Phantasie, die sie in die Lage versetzen, Geschichten zu verstehen, an Gesängen und Tänzen teilzunehmen – und über Witze zu lachen. Ohne so etwas können Menschen gut überleben und sich fortpflanzen, doch sie wären beeinträchtigt. Und was liegt näher als die Schlußfolgerung, daß wir so das Thema möglicher menschlicher Defekte eingeführt haben – die wir genauso »natürliche Defekte« nennen können, wie wir es in der Diskussion des Pflanzen- und Tierlebens getan haben?

Wir sehen auch, daß, wie bei Tieren, manche Defekte eine, wie man sagen kann, »reflexive Wirkungsweise« haben, insofern der Defekt primär das Individuum selbst betrifft. Es gibt aber andere Defekte, die vor allem oder zumindest unmittelbar andere betreffen. Wir können hier zum Beispiel an das Ausbleiben mütterlicher Gefühle denken oder an (nicht-iterierte) Fälle des »Gefangenen-Dilemmas«, in denen jede Person von der Handlung der anderen profitiert, von der eigenen aber Nachteile hat.[2] Wie auch immer wir die Details des Dilemmas verstehen: Die Lösung hängt an der Art und Weise, wie Menschen denken. Wir handeln im Rahmen einer Sprache, die es uns erlaubt zu sagen: »Ich schulde es ihm«, oder: »Ich nehme an, ich sollte meinen Teil beitragen« (also etwa statt des Autos den Bus benutzen, um den Straßenverkehr zu reduzieren – wobei wir wissen, daß man in dringenden Fällen auf ein Auto angewiesen sein kann). Außerdem gibt es menschliche Vergnügungen wie Lieder und Feiern, die Kooperation erfordern. Und menschliche Gesellschaften sind auf talentierte Individuen angewiesen, die eine besondere Rolle im gesellschaftlichen Leben übernehmen. Wie einige Tierarten Aufpasser brauchen oder Elefantenherden eine Leitkuh, die sie zu einer Wasserstelle führt – so brauchen menschliche Gesellschaften Leitfiguren, Entdecker und Künstler. Es kann ein Defekt sein, wenn ein Mensch sich weigert, eine besondere Rolle zu übernehmen, und nicht zu geben bereit ist, was er als einziger – oder am besten – geben kann. Ebenso ist mit dem Rest von uns etwas nicht in Ordnung, wenn wir die Genies oder die besonders Talentierten nicht bei ihrer Arbeit unterstützen.

Trotz der Vielfalt der menschlichen Güter – der Elemente, die ein gutes menschliches Leben ausmachen können – kann also dem Begriff des guten menschlichen Lebens bei der Bewertung menschlicher Eigenschaften und Vollzüge dieselbe Rolle zukommen wie dem Begriff des Gedeihens bei der Bestimmung der Qualität im Falle von Pflanzen und Tieren. Soweit scheint die begriffliche Struktur intakt zu sein. Nichts spricht dafür, daß diese Struktur bei den Bewertungen, die man heute der Moral zurechnet, nicht vorliegt. Diesem besonderen Bereich – und allgemeiner dem Bereich des guten Willens – widme ich eine detaillierte Diskussion in den nächsten beiden Kapiteln. Fragen wir aber, ob Geachs Behauptung richtig war, daß Menschen auf die Tugenden so angewiesen seien wie Bienen auf Stacheln (vgl. Kap. 2), so ist die Antwort sicher »Ja«. Menschen müssen fleißig

2 Eine Diskussion des »Gefangenen-Dilemmas« findet sich bei Parfit, D., *Reasons and Persons*, Kap. IV, und bei Gauthier, D., *Morals by Agreement*, passim.

und hartnäckig sein, nicht nur, um ihren Haushalt führen, sich kleiden und ernähren zu können, sondern auch, um menschliche Ziele verfolgen zu können, die mit Liebe und Freundschaft zu tun haben. Sie benötigen die Fähigkeit, Familienbande, Freundschaften und besondere Beziehungen mit Nachbarn zu knüpfen. Und sie sind auf Verhaltenskodizes angewiesen. Wie wäre aber all dies möglich ohne Tugenden wie Loyalität, Fairneß, Freundlichkeit und (unter Umständen) Gehorsam?

Warum also sollte uns der Gedanke überraschen, daß sich der Tugendstatus bestimmter Dispositionen ziemlich allgemeinen Tatsachen des menschlichen Lebens verdankt? Doch betrachten wir ein Beispiel. Wir werden einen längeren Blick auf einen Aufsatz von Elizabeth Anscombe werfen. Dort beschreibt sie, wie gezeigt werden kann, daß jemand schlecht handelt, indem er ein Versprechen oder eine andere Art Vertrag bricht.[3] In dem Aufsatz »On Promising and its Justice«, auf den ich mich im 1. Kapitel bezogen habe, bemerkt sie zu Recht, wie sehr menschliches Wohl von der Fähigkeit abhängt, den Willen eines anderen durch so etwas wie ein Versprechen oder einen Vertrag anderer Art zu binden. Jeder Austausch von Gütern oder Diensten – über die primitivste Ebene des unmittelbaren, gleichzeitigen Austausches hinaus – hängt daran, daß eine stillschweigende oder explizite Übereinkunft eingehalten wird; *ein Versprechen halten* ist eine spezifische Form, einer Vereinbarung nachzukommen. Man erkennt leicht, wieviel von der erforderlichen Vertrauenswürdigkeit abhängt, wenn man daran denkt, wie lange der menschliche Nachwuchs unselbständig ist und was es für Eltern bedeutet, sich auf ein Versprechen verlassen zu können, das die Zukunft ihrer Kinder für den Fall des eigenen Todes sichert. Es wäre nicht so, wenn Menschen anders wären und den Willen anderer durch einen auf die Zukunft bezogenen Mechanismus der Bewußtseinskontrolle binden könnten. Aber wir sind nicht mit so einem Vermögen ausgestattet – genauso wie Tiere, die auf gemeinschaftliche Jagd angewiesen sind, nicht das Vermögen haben,

3 Sie hat natürlich nicht gesagt, es sei immer falsch, ein Versprechen zu brechen, sondern nur, *warum* es in entsprechenden Fällen falsch ist.

ihre Beute wie ein Tiger auf einsamer Pirsch zu jagen und mit einem Satz zu erlegen.
Anscombe betont dieses menschliche Unvermögen, denn sie fragt:

> Welche Möglichkeiten gibt es, einen Menschen dazu zu bringen, etwas zu tun? Man kann einen Menschen zu Fall bringen, indem man ihn stößt; dagegen ist es nicht zweckdienlich, durch Stoßen seine Hand einen Brief schreiben oder Beton mischen zu lassen. [...] Man kann ihm einen Befehl erteilen, und wenn man Autorität über ihn hat, wird er vielleicht gehorchen. Weitere Möglichkeiten sind: Man hat Macht, jemanden zu verletzen oder ihm zu helfen – je nachdem, ob er die Befehle mißachtet oder befolgt. Oder jemand liebt uns und kommt deshalb unserem Verlangen nach. Allerdings haben wenige eine so weitreichende Autorität, daß alles, was sie nötig haben, aber nicht selbst tun können, von anderen für sie getan wird. Und wenige Leute haben die Macht, anderen weh zu tun bzw. zu helfen, ohne sich selbst dabei zu schaden. Auch fehlt den meisten die Macht, soviel Zuneigung von anderen sicherzustellen, daß man von ihnen erhielte, was man von ihnen benötigt.[4]

Anscombe glaubt, diese Gesichtspunkte würden zeigen, daß jemand schlecht handelt, der in Abwesenheit besonderer Umstände ein Versprechen bricht. Der Beweis hängt davon ab, daß man Komponenten des guten menschlichen Lebens identifiziert und zugleich angibt, was Angehörige der menschlichen Spezies können und was sie nicht können. Wir sehen hier das Zusammenspiel von Anscombes »Aristotelischen Notwendigkeiten« und Thompsons *Aristotelian categoricals.* Aristotelisch notwendig ist das, was für Gutes erforderlich ist. Anscombe weist darauf hin, daß Plakate in Kriegszeiten Reisewillige genau in diesem Sinne mit der Frage bedrängten: »Ist ihre Reise wirklich notwendig?«.[5] In demselben Sinn, sagt sie, ist es unter vielen Umständen »notwendig«, daß Menschen in der Lage sind, den Willen anderer zu binden. Der Beweis stützt sich aber auch auf Gesichtspunkte des ganzen Spektrums menschlicher Möglichkeiten, dem

4 Anscombe, G.E.M., »On Promising and its Justice«, in *Collected Philosophical Papers*, Bd. 3, S. 18.

5 A.a.O., S. 15.

eine gewichtige Rolle zukommt, wenn man bestimmt, was zur Naturgeschichte von Menschen gehört und was nicht.

Das war die Herleitungsmethode, die Michael Thompson bei der Diskussion von Qualität und Defekt im Falle von Pflanzen und Tieren verwendete, und natürlich hebt er hervor, wie sehr er Anscombe verpflichtet ist. Ich beabsichtige, mich Thompson anzuschließen, und biete das folgende botanische Beispiel zum Vergleich an. Nehmen wir an, wir bewerten die Wurzeln einer Eiche. Vielleicht sagen wir, sie habe gute Wurzeln, weil sie so fest und tief sind, wie die Wurzeln einer Eiche sein sollten. Wären ihre Wurzeln spindeldürr und nahe an der Oberfläche, wären sie schlechte Wurzeln – tatsächlich aber sind sie gut. Eichen müssen aufrecht stehen, weil sie im Unterschied zu Kriechpflanzen nicht auf dem Boden leben können und große, schwere Bäume sind. Deshalb brauchen Eichen tiefe, kräftige Wurzeln. Mit ihnen ist etwas nicht in Ordnung, wenn sie keine solchen Wurzeln haben; und so kann man die normative Aussage herleiten. Das Gut der Eiche ist ihr individueller und reproduktiver Lebenszyklus – was sie für diesen Zyklus braucht, zählt in ihrem Fall als eine Aristotelische Notwendigkeit. Da sie sich nicht wie ein Schilfhalm im Wind biegen kann, ist die Eiche nur dann so, wie sie sein sollte, wenn sie tiefe und kräftige Wurzeln hat.

Die Bewertungsstruktur ist also dieselbe, ob wir eine Bewertung der Wurzeln eines bestimmten Baumes oder die Bewertung des Handelns eines bestimmten Menschen ableiten. Die Bedeutungen der Wörter »gut« und »schlecht« weichen nicht voneinander ab, wenn »gut« bzw. »schlecht« bei Merkmalen von Pflanzen einerseits und bei Menschen andererseits Verwendung findet. Die Bedeutung ist vielmehr bei allen Lebewesen so ziemlich dieselbe, wenn sich die Ausdrücke »gut« und »schlecht« auf natürliche Qualitäten beziehen.

Es muß aber noch etwas mehr über *ein Versprechen* halten gesagt werden. Vielleicht meint man (was plausibel, aber falsch ist), die Herleitung habe einen utilitaristischen Tenor und sei daher folgendem Einwand ausgesetzt: In seltenen Fällen wäre ein Versprechen ohne moralisches Gewicht, und zwar dann, wenn es ohne das geringste Risiko der Schädigung oder Verärgerung von irgend jemandem gebrochen werden kann. Natürlich kann man

entgegnen, daß eine entsprechende Einrichtung nicht so nützlich wäre wie unsere Einrichtung des Versprechens und daß man also darauf achten sollte, das ihr entgegengebrachte Vertrauen nicht zu schwächen. Doch ist das anscheinend nicht der entscheidende Punkt, wie folgendes Beispiel aus dem wirklichen Leben zeigt.
In Kropotkins *Memoiren eines Revolutionärs* kommt folgender Bericht vor. Miklucho-Maklaj, ein bekannter Geograph und Anthropologe, war von Rußland aus in den 70er oder 80er Jahren des 19. Jahrhunderts ausgesandt worden, um die einheimischen Völker des Malaiischen Archipels zu studieren. Kropotkin sagt:

> Als er [. . .] die Malaiische Halbinsel bereiste, begleitete ihn ein Eingeborener, der unter der ausdrücklichen Bedingung in seine Dienste getreten war, daß er niemals fotografiert würde. Bekanntlich wähnen die unzivilisierten Völker, es würde ihnen mit ihrem Bilde etwas von ihrer Person weggenommen. Wie Maklai, der anthropologisches Material sammelte, selbst bekennt, fühlte er sich einmal, als sein Begleiter fest schlief, stark versucht, ihn zu fotografieren, und die Versuchung war umso größer, als der Malaie für einen typischen Vertreter seines Stammes gelten konnte und niemals erfahren haben würde, daß er fotografiert worden sei. Aber Maklai gedachte seines Versprechens und brach dieses weder damals noch je bei späterer Gelegenheit.[6]

An diesem Beispiel können wir untersuchen, warum es falsch ist, ein Versprechen zu brechen, und zwar unabhängig davon, ob der Bruch des Versprechens im besonderen Fall Schaden verursacht. Denn Maklaj hätte zu Recht angenommen, *es würde keinen Schaden anrichten*, die Aufnahme zu machen. Wäre etwa der Malaie, dem er das Versprechen gegeben hatte, zutiefst verletzt worden? Wäre die Institution des Versprechens geschwächt worden? Beides ist hier äußerst unwahrscheinlich. Der Diener schlief fest, und das Bild wäre nicht einmal entwickelt worden, bevor Maklaj nach Rußland zurückkehrte. Niemand hätte jemals von dem gebrochenen Versprechen erfahren müssen. Dennoch hätte Maklaj sicherlich schlecht gehandelt, wenn er das Foto gemacht hätte. Selbstverständlich können wir uns eine Situation vorstellen, in der er einer sehr wichtigen Sache wegen richtig gehandelt hätte, wenn er die Aufnahme gemacht hätte;

6 Kropotkin, P., *Memoiren eines Revolutionärs*, S. 251.

aber nichts Derartiges wird von Kropotkin berichtet. Warum also *sollte* er sein Versprechen halten? Wie kommen *gut* und *schlecht* hier ins Spiel?

Ein erster Antwortversuch könnte in dem Gedanken liegen, daß Versprechen zum Bereich von Vertrauen und Respekt gegenüber anderen gehören. Maklaj hätte den Respekt seinem Diener gegenüber zutiefst verletzt, wenn er die Situation ausgenutzt hätte, insbesondere, weil es dem Diener so wichtig war, nicht fotografiert zu werden.[7] Mangel an Ehrfurcht und Verläßlichkeit sind schlechte menschliche Dispositionen. Für eine menschliche Gemeinschaft ist es wichtig, einander vertrauen zu können, und es ist von noch größerer Bedeutung, daß Menschen auf einer grundlegenden Ebene einander Achtung entgegenbringen. Es ist nicht nur von Bedeutung, *was Menschen tun*, sondern auch, *was sie sind*.[8] So weit, so gut; nun aber könnte es so aussehen, als verteidigten wir damit das Versprechen auf eine zwar subtilere, aber nach wie vor utilitaristische Weise: Das Nützliche soll jetzt in der Disposition liegen.[9] Für so eine Theorie spricht, daß man sich kaum vorstellen kann, Verläßlichkeit oder gar Ehrfurcht ließen sich einfach aus- und einschalten.

Für das Argument dieses Buches ist aber etwas anderes von größerer Bedeutung: In einem Schema, wie wir es im Werk von Eli-

7 Ich denke nicht, daß irgend etwas an einer Handlung *allein deshalb* falsch ist, weil sie jemandes Wünschen zuwider ist. Es muß nicht falsch sein, eine Vorlesung über einen Stamm zu halten, dessen Mitglieder glauben, eine öffentliche Erwähnung ihres Namens verursache ihren Untergang. Und nicht immer ist etwas gegen Täuschung einzuwenden, auch wenn Kant das glaubte. Ich erinnere mich an eine Bemerkung von Robert Adams: »Es ist kein Verbrechen, ein überzeugendes Toupet zu tragen.«

8 Zu den großen Vorteilen des jüngst wiedererwachten Interesses an den Tugenden gehört, daß dieses Thema ins Blickfeld gerät. Eine Tugend ist mehr als eine gefestigte Disposition, auf eine bestimmte Weise zu handeln. Vgl. 1 Kor 13 über die Liebe. Um eine Vorstellung von der Tiefe dieses Themas zu bekommen, vergleiche man Macaulays Beobachtung, daß Charles II. zu unrecht für seinen Mangel an Eitelkeit gepriesen wurde. Denn, so sagte Macaulay, der König stand nicht »über«, sondern »unter« der Eitelkeit: er war unempfindlich für die Meinung seiner Mitmenschen, weil er dachte, jeder sei für Geld zu haben. Vgl. Macaulay, *History of England*, i, S. 135.

9 Vgl. Adams, R., »Motive Utilitarianism«.

zabeth Anscombe und Michael Thompson finden, *ist für den Utilitarismus gar kein Platz*. Der Utilitarismus basiert nämlich, genauso wie jede andere Form des Konsequentialismus, auf einem Prinzip, das die *Qualität des Handelns* auf die eine oder andere Weise an die *Qualität von Zuständen* bindet.[10] *Für so ein Prinzip läßt die Theorie natürlicher Normativität keinen Raum.* Denn wo könnte man auf »gute Zustände« zurückgreifen, wenn man die natürliche Qualität der Eigenschaften und Vollzüge von Pflanzen und Tieren bewertet? Gründe ich etwa die Bewertung der Jagdfähigkeiten eines Tigers auf den Satz, es sei ein besserer Zustand, wenn der Tiger überlebt, als wenn er nicht überlebt? Was ist mit so mißliebigen Kreaturen wie Stechmücken, für die das Muster natürlicher Normativität ja ebenfalls gilt?

Man könnte mir entgegnen: Das zeigt nur, wie falsch du mit der Annahme liegst, daß die Bewertung menschlichen Handelns dieselbe begriffliche Struktur hat wie die Bewertung von Vollzügen in der sub-rationalen Welt des Lebendigen. Ist es denn denkbar, daß Menschen, die bestimmte Zustände als besser bzw. schlechter beurteilen können, jemals im Recht sind, wenn sie sich entscheiden, einen schlechteren Zustand hervorzubringen, obwohl sie einen besseren hervorbringen könnten? Müssen sie nicht immer den besseren Zustand dem schlechteren vorziehen? Darauf sollte man entgegnen: Zweifellos ist es eine Binsenweisheit, daß Menschen so *gut* handeln *sollten*, wie sie können. Und kein Zweifel, *innerhalb* der Moral gibt es häufig einen Ort für die Frage, welche Handlung im ganzen die besten Folgen haben wird – zum Beispiel wenn das Ziel ist, Leiden zu vermindern oder Gerechtigkeit durchzusetzen. Derartige Verwendungen von Aussagen über gute und schlechtere Zustände schaffen nicht solche Probleme, wie sie sich anscheinend aus Maklajs Versprechen ergeben haben oder wie sie mit der Idee verbunden sind, daß bestimmte Handlungen, zum Beispiel Folter, immer und überall indiskutabel sind. Nur wenn wir ein Urteil über gute Zustände als grundlegend ansehen, so wie das die Konsequentiali-

10 Als Beispiel dieser Struktur vgl. Sen, A., »Utilitarianism and Welfarism«, S. 464 f.

sten tun, geraten wir auf Abwege.[11] Die Vorstellung von guten und besseren Zuständen gehört genausowenig zur Grundstruktur der Bewertung menschlichen Handelns wie zur Bewertung von Vollzügen oder anderen Merkmalen nicht-menschlicher Lebewesen. Wer das bestreitet, mag auf das 2. Kapitel zurückgreifen oder auf das eben angeführte Beispiel zu *gut* und *schlecht* bei einer Eiche. Es wäre lächerlich anzunehmen, ich hätte mich bei der Beschreibung, die ich von der Vorstellung botanischen Gedeihens gegeben habe, darauf festgelegt, daß es gut (ein guter Zustand) ist, wenn Pflanzen leben, und schlecht, wenn sie sterben!

Wir sind allerdings noch nicht auf dem Grund der Frage angelangt, warum Maklaj zu Recht geglaubt hat, daß er sein Versprechen tatsächlich halten sollte – auch unter den beschriebenen Umständen. Es genügt nicht zu sagen, daß natürliche Qualifiziertheit vom Menschen sowohl Dispositionen und Einstellungen als auch bestimmte Handlungen fordert. Und es genügt nicht zu betonen, daß die Idee eines optimalen Weltzustandes keinerlei Rolle bei der Bestimmung natürlicher Qualität spielt, so wie ich sie verstehe. Denn manche menschlichen Tugenden benötigt man besonders bei wissenschaftlicher Arbeit, zum Beispiel die Wahrheitsliebe – und ein Wissenschaftler muß einfallsreich und unablässig nach Wahrheit streben. Hätte dann aber nicht Maklaj dieses Foto machen *sollen*? Es hätte doch das anthropologische Wissen bereichern können, und unserer Annahme zufolge wäre niemandem Schaden zugefügt worden. Ich vermute, daß wir, um dieses Problem zu lösen, einen Teil von Anscombes Arbeit zum Thema Versprechen in Betracht ziehen müssen, den ich bislang nicht diskutiert habe: ihre Arbeit über das, was sie »*stopping modals*« genannt hat.[12] Ich muß mich hier

11 Ich will also nicht eine alltägliche Wendung verbannen; ich will ihr nur die richtige Stellung im Gesamt eines begrifflichen Schemas zuweisen. Wie ein Architekt einen Pfeiler, der bloß einen inneren Bogen hält, von einem Pfeiler unterscheiden muß, der eine tragende Funktion für das ganze Gebäude hat, muß ein Philosoph achtgeben, die strukturelle Bedeutung manch geläufiger Ausdrucksform nicht zu überschätzen.

12 Anscombe, G. E. M., »Rules, Rights and Promises«, in *Collected Philosophical Papers*, Bd. 3, S. 100ff. Vgl. auch »On the Source of the Authority of the State«, *Collected Philosophical Papers*, Bd. 3, S. 138f. und S. 142-145.

mit folgendem Hinweis zufrieden geben: Maklajs Gedanke, er dürfe seinen Diener nicht fotografieren, hing von einer besonderen Art von sprachlicher Vorrichtung ab, die Menschen für Menschen gemacht haben. Man erkennt etwas von deren besonderem Wesen, wenn man folgendes vergleicht: *ein Versprechen halten* einerseits und *tun, was andere von einem erwarten*, andererseits. Es ist oft von großem Nutzen, anderer Leute Verhalten antizipieren zu können; man kann also sagen: »Menschliches Wohl hängt daran.« Sollten sich Menschen also vorhersehbar verhalten? Das stimmt wohl nur, wenn andernfalls ein ernster Schaden zu erwarten ist; zum Beispiel wenn ein Fußgänger dadurch, daß er unerwartet auf die Straße läuft, ein herannahendes Fahrzeug aus der Spur bringt. Ein Einwand gegen unvorhersehbares Verhalten entbehrt also der Grundlage, solange er nicht unter Hinweis auf mögliche Folgen vorgebracht wird. Das gilt hingegen nicht für den Bruch eines Versprechens. Wenn man ein Versprechen gibt, bedient man sich eines sehr speziellen Instruments, das Menschen um der besseren Bewältigung ihres Lebens willen erfunden haben. Man schafft eine Verpflichtung, die ihrer Natur nach zwar nicht absolut gilt, die aber nicht einfach annulliert wird, wenn ein Verstoß gegen sie keinen Schaden verursachen würde.

Auf den letzten Seiten habe ich eine Idee auf den Menschen angewendet, die ich in den beiden vorangegangenen Kapiteln entwickelt habe, wo es darum ging, Vollzüge und Eigenschaften von Pflanzen und Tieren zu bewerten. Wie das funktioniert, habe ich am Beispiel von Elizabeth Anscombes Diskussion des Versprechens vorgeführt. Und in der Annahme, Anscombes Ansicht könnte als eine Form des Utilitarismus mißverstanden werden, habe ich erklärt, wie radikal sich eine Moraltheorie der natürlichen Normativität von jeder Form des Konsequentialismus unterscheidet.

In dem Kapitel insgesamt bin ich folgendem Gedanken nachgegangen: Wenn wir darüber nachdenken, *was gut ist* für ein Individuum, im Unterschied zu seiner *guten Verfassung* – womit wir bei der Einführung des Nutzenbegriffs begonnen haben –, dann müssen wir tatsächlich anerkennen, daß sich das, was *gut für den Menschen* ist, von dem unterscheidet, was *gut für eine Pflanze bzw. ein Tier* ist. Dort verweist *gut* auf den Erfolg im Zyklus von Entwicklung, Selbsterhaltung und Fortpflanzung. Das Wohl des Menschen ist *sui generis*. Dennoch halte ich daran fest, daß eine gemeinsame begriffliche Struktur besteht. Denn eine »Naturgeschichte« haben wir nicht nur im Falle von Pflanzen und Tieren, sondern auch im Falle von Menschen: In beiden Fällen beschreibt sie die Lebensweise, in der die jeweiligen Individuen erreichen, was gut für sie ist. Es gibt wahre Aussagen wie »Menschen machen Kleider und bauen Häuser«, die sich vergleichen lassen mit »Vögel haben Federn und bauen Nester«. Und so gibt es auch Aussagen wie »Menschen führen Regeln ein und erkennen Rechte an«. Um zu bestimmen, was im Falle von Charakter, Disposition und Willensentscheidung gut und schlecht ist, müssen wir bedenken, was gut für Menschen ist und wie Menschen leben, d. h., welche Art von Lebewesen der Mensch ist.

4. Praktische Rationalität

Im 3. Kapitel habe ich das begriffliche Fundament der »natürlichen Qualität« beschrieben. Ich bin von Pflanzen und Tieren zu Menschen übergegangen und habe die Vermutung geäußert, daß man ein und dasselbe normative Muster bei der Bewertung aller drei Arten von Lebewesen finden kann.

Jetzt sehe ich mich mit einem Einwand konfrontiert, der anscheinend nicht zu widerlegen ist: Menschen können doch als rationale Wesen fragen, warum das bislang Gesagte irgendeine Auswirkung auf ihr Verhalten haben sollte. Nehmen wir an, das normative Muster, das ich »natürliche Normativität« genannt habe, leite tatsächlich unsere Bewertungen von Menschen als Menschen. Nehmen wir ferner an, Menschen seien als Menschen defekt, wenn sie nicht tun, was für das menschliche Wohl notwendig ist, wenn sie zum Beispiel morden und Versprechen brechen. Nun wird der Skeptiker sicherlich fragen: »Was ist denn, wenn mir nichts daran liegt, ein guter Mensch zu sein?«

Das ist ein ernstzunehmender Einwand. Schließlich sind Menschen rationale Wesen. Zur einschneidenden Veränderung beim Übergang von Pflanzen und Tieren zu Menschen gehört, daß wir unser eigenes Verhalten und die uns beigebrachten Verhaltensregeln der Kritik unterziehen können. Es scheint so, als ergebe sich sogar folgende sonderbare Möglichkeit: Der Mensch als solcher hat einen Fehler, da er in manchen Situationen zwangsläufig entweder schlecht oder unvernünftig handelt – zum Beispiel, wenn einer entweder ein Versprechen bricht oder es hält, obwohl es keinen Grund dazu gibt. Wenn es solche Situationen gäbe, würde unser moralischer Skeptiker wahrscheinlich triumphieren: Welches Gewicht hätte dann der Nachweis, daß Versprechensbruch, Mord usw. schlecht sind?

Das ist das Problem, von dem dieses Kapitel handelt. Zunächst muß ich allerdings die konkrete Formulierung des Problems zurückweisen. Die Frage ist nämlich nicht: »Haben wir einen Grund, uns zu bemühen, gute Menschen zu sein?«, sondern: »Haben wir einen Grund, uns die Ziele eines guten Menschen (zum Beispiel Wohl, nicht Wehe anderer; Treue) zu eigen zu machen?« Das Problem betrifft die Rationalität des tugendhaften Handelns. Manche meinen, es sei ein besonders schwieriges Problem für jeden, der wie ich selbst eine objektive Theorie der moralischen Bewertung vertritt.

Gary Watson, ein Philosoph, der selbst dem moralischen Objektivismus zugetan ist, formulierte diese Schwierigkeit für jemanden wie mich in Form von zwei Fragen:

1. Kann eine objektive Theorie wirklich nachweisen, daß *ein Verbrecher sein* und *ein guter Mensch sein* unverträglich sind?
2. Wenn das einer objektiven Theorie gelingt, kann sie dann eine einsichtige Verknüpfung zwischen [dieser] Einschätzung und unseren Handlungsgründen als Individuen nachweisen?[1]

Ich nehme die Herausforderung an und beantworte Frage 1 affirmativ. Ich habe bereits angedeutet, aus welchen Gründen ein Mensch als ein schlechter – als ein defekter – Mensch beurteilt werden kann, wenn er ein Verbrecher ist, raubt und mordet. Ich beantworte also Frage 1 mit »Ja« und wende mich Frage 2 zu.

Zunächst will ich aber etwas mehr zu der Idee sagen, daß Menschen insofern rationale Wesen sind, als sie aus Gründen handeln können – wohingegen selbst höhere Tiere, die uns in vielerlei Hinsicht so ähnlich sind, weder rational noch irrational handeln können, weil sie nicht (wie wir es tun) *aus* Gründen handeln.

Das sagt sich leicht; weniger leicht ist zu erklären, was gemeint ist. Thomas von Aquins Behandlung des Themas trägt meines Erachtens zum Verständnis am meisten bei. Daß der Mensch die Möglichkeit der rationalen Entscheidung hat, ist selbstverständlich eine alte Lehre. Aristoteles verwendet viel Zeit darauf, die Idee der Entscheidung »nach einem rationalen Prinzip« oder *logos* zu erläutern.[2] Thomas, der hier wie so oft Aristoteles folgt, erklärt diese Idee, indem er Tiere und Menschen einander gegenüberstellt. Er sagt, daß Tiere ebenso wie kleine Kinder nicht wählen (keine *electio* ausüben). Was meint er damit? Wählen

1 Watson, G., »On the Primacy of Character«, S. 67. Er sagt in seiner Fußnote 25, daß er mit »einer objektiven Theorie« eine Theorie wie die meinige meint.

2 Vgl. *Nikomachische Ethik* [nachfolgend zitiert als *EN*], III 4f., 1111b4-1113a14 und *EN* VI passim.

nicht Schafe einen Flecken Gras anstelle eines anderen, wenn sie sich zu einem bestimmten Teil einer Wiese bewegen, um zu weiden? Thomas diskutiert dieses Beispiel und räumt ein, daß solche Tierbewegungen »an Willensentscheidung teilhaben«, insofern sie auf eine »appetitive Neigung« zu der einen statt zu einer anderen Sache hinweisen.[3] Er betont sogar die Tatsache, daß Tiere, die – anders als Pflanzen – Wahrnehmung besitzen, etwas um eines wahrgenommenen Zieles willen (*propter finem*) tun können. Dennoch besteht er darauf, daß Tiere, wenn sie etwas auf ein Ziel hin tun, dieses nicht *als ein Ziel* verstehen können (*non cognoscunt rationem finis*).* Eine Art von Wissen ist auch für die »Teilhabe am Willentlichen« nötig, die bei Tieren möglich ist. Thomas sagt jedoch: »Vollkommenes Wissen des Zieles verlangt nicht nur, den Zielgegenstand zu fassen, sondern auch, ihn unter der Hinsicht des Zieles und des Zweck-Mittel-Verhältnisses zu verstehen« (*»sed etiam cognoscitur ratio finis, et proportio eius quod ordinatur in finem ad ipsum«*).** Ebenso bestreitet Thomas, daß Tiere um das Zweck-Mittel-Verhältnis wissen *so wie Menschen*. Auf gewisse Weise kann man von Tieren sagen, sie hätten dieses Wissen, weil sie eine Sache um einer anderen willen tun. Aber Thomas sagt auch hier, daß sie nicht die *Art* Wissen vom Zweck-Mittel-Verhältnis haben, die Menschen eigen ist.[4]

Sicherlich ist daran einiges interessant und wichtig. Aber was genau meint Thomas? Was bedeutet seine Rede davon, ein Ziel nicht *als ein Ziel* oder einen Weg nicht *als einen Weg* zu diesem Ziel zu kennen? Schließlich ist das Ziel für den Menschen nicht durch einen besonderen Leuchteffekt gekennzeichnet oder mit einem »Z« für »Ziel« überschrieben, vergleichbar dem Hollywood-Schriftzug – als ob sich dem Menschen eine zusätzliche Eigenschaft offenbarte, während Tiere einfach zum Beispiel Nahrung wahrnehmen und sich bewegen, um sie zu fressen. Vielleicht sind wir der Idee zugetan, unser »Plus« – das Plus, das unser Verstehen dem des Tieres voraushat – müsse etwas »Seeli-

* *Sth* I-II, q. 1, a. 2c. A.d.Ü.

** *Sth* I-II, q. 6, a. 2c. A.d.Ü.

3 *Summa theologica* [nachfolgend zitiert als *Sth*], I-II, q. 13, a. 2.

4 *Sth* I-II, q. 1, a. 2 und *Sth* I-II, q. 6, a. 2.

sches« sein, etwas »im Geist«, das jedes Handeln bzw. Streben begleitet. Aber natürlich ist die Idee so eines inneren Erlebens bloß eine Erfindung von jener Art, die Wittgenstein so oft in seinen Schriften über Seelisches zurückweist.[5] Wenn »ein Ziel als Ziel sehen« dem Geist zuzurechnen ist, dann nicht auf diese Art und Weise. Wir dürfen nicht hoffen, ein *Plus* – nämlich unser Bewußtsein von der Zielhaftigkeit des Zieles oder vom Zweck-Mittel-Verhältnis – durch Lockesche Introspektion zu finden.[6] Wir müssen vielmehr, wie Wittgenstein uns lehrt, nach dem größeren Zusammenhang fragen, in den diese rätselhafte Vorstellung gehört. Hier bedarf »das Innere« (wie auch sonst) öffentlicher Kriterien. Und wir sollten fragen, wie das Umfeld beschaffen ist, in dem das menschliche Bewußtsein von Zielen als Zielen zu finden ist. Dabei sollten wir selbstverständlich die Sprache ebenso wie das Handeln berücksichtigen.

Was Menschen tun, ist natürlich wichtig. Wir beziehen uns auf das Tun, wenn wir einem heranwachsenden Kind die Vorstellung zuschreiben, ein Ziel zu haben und Wege zu diesem Ziel zu ermitteln. Entscheidend aber ist die *Sprache*, wenn es darum geht, den Unterschied zwischen Tieren und Menschen zu kennzeichnen. Was ein Tier will, wissen wir ausschließlich aufgrund seines Verhaltens; ein heranwachsendes Kind dagegen ist fähig, uns zu sagen, was es will. Überhaupt lernt das Kind eine Sprache mit Mustern, die selbst in der kompliziertesten »Tiersprache« kein Gegenstück haben. Ein Kind erlernt nach und nach die Verwendung von Wörtern nicht nur, um zu bekommen, was es will, sondern auch, um darüber zu sprechen, was es vorhat. Und es erwirbt die Fähigkeit, Ausdrucksweisen zu verstehen und zu verwenden, mit denen Entscheidungen erwogen und Handlungen erklärt, gerechtfertigt oder empfohlen werden. Die Verwendung derartiger Bestandteile unserer Sprache, die gewöhnlich auf systematische Weise mit Handlungen vernetzt sind, versetzt uns in die Lage, davon zu sprechen, daß wir ein »Bewußtsein« von Zielen und Wegen haben, ohne daß wir uns auf eine *verborgene* gei-

5 Vgl. Wittgenstein, L., *Philosophische Untersuchungen* I, zum Beispiel §§ 157ff., 165, 171, 305-308, 444.

6 Vgl. Locke, J., *An Essay Concerning Human Understanding* [*Über den menschlichen Verstand*], Buch II, Kap. ix.

stige »Sphäre« beziehen müßten. Die Frage, was jemand über Pro und Kontra einer bestimmten Entscheidung *dachte*, ergibt Sinn, weil wir ihn fragen und eine Antwort erhalten können. Und er selbst kann schlußfolgernd zu dem Ergebnis kommen: »Das also werde ich tun.« Wenn Menschen fähig sind, *vernünftig begründete* Entscheidungen zu treffen, wie kein Tier es kann, so liegt das an derartigen Kontexten menschlichen Handelns und somit letztlich daran, daß Menschen eine Sprache verwenden, die im Tierleben keine Entsprechung findet.[7]

Was Thomas zur Fähigkeit von Tieren und kleinen Kindern sagt – sie haben Ziele, ohne sie als Ziele ansehen zu können –, scheint also verständlich und akzeptabel. Und denselben Punkt könnte man geltend machen, wenn man davon spricht, was als gut angesehen wird. Denn man kann sagen: Tiere sind auf das Gute aus, *das sie sehen*, zum Beispiel auf Nahrung; Menschen hingegen sind aus auf das, *was sie als gut ansehen*. Aus diesem Grund kann man von einem Tier nicht sagen, daß es »das Bessere kennt und das Schlechtere wählt«. Man kann aber genau das von einem Menschen sinnvoll behaupten. Sicherlich können wir bei Tieren ein Zögern wahrnehmen, zum Beispiel wenn sie zwischen Hunger und Furcht hin- und hergerissen sind; aber nichts im Verhalten eines Tieres könnte uns zu der Aussage führen, daß es die eine Wahlmöglichkeit als der anderen überlegen erachtet hätte, obgleich sein Handeln seinem Denken nicht entsprach! Das Problem der *akrasia* (Unbeherrschtheit oder, wie man sagt, Willensschwäche) betrifft nur rationale Wesen wie zum Beispiel uns selbst.

Wir wollen deswegen an diesem großen Unterschied zwischen Menschen und selbst den intelligentesten Tieren ansetzen. Men-

7 Von Menschen kann man sagen, daß sie versuchen, Ziele zu erreichen, die fern von dem sind, was sie gerade tun, weil man von ihnen sagen kann, daß sie »das und das im Sinn haben«. Dazu bedarf es nur der Fähigkeit, von einer solchen Zielvorstellung zu berichten. Die Zielvorstellung ist etwas, das einer *im Sinn hat*, obwohl sie nicht notwendig Raum im Bewußtsein einnimmt, wie es zwanghafte Gedanken oder das Austüfteln eines Planes tun. Weil Tiere keine Mitteilungen machen, kann nur etwas unmittelbar mit ihrem Verhalten Zusammenhängendes ihr Ziel sein; nur so etwas können sie zu erhalten bzw. zu tun versuchen.

schen haben nicht nur das Vermögen, über alle Arten von Dingen theoretisch nachzudenken, vielmehr können sie auch *Gründe* dafür sehen, so und nicht anders zu *handeln*. Und wenn man ihnen sagt, sie sollten eine bestimmte Sache statt einer anderen tun, können sie fragen: »Warum?« Ein Kind lernt ziemlich früh, daß »sollte« einen Grund verlangt – anders als ein Befehl, den man einfach wiederholen oder mit einer Drohung untermauern kann.[8]

Daß ein Mensch fragen kann, welchen Grund er hat, etwas zu tun, ist genau das, was meines Erachtens den Vergleich zwischen der »natürlichen« oder »autonomen« Bewertung von Pflanzen oder Tieren und derselben Bewertung von Menschen *qua* Menschen auf den ersten Blick so unpassend erscheinen läßt. Ein Mensch wird als ein rationales Lebewesen fragen: »Warum *sollte* ich das tun?«, besonders dann, wenn man ihm sagt, er solle etwas tun, das ihm unangenehm ist und nur anderen zu nützen scheint. Und ein Philosoph ist, auch wenn er *in propria persona* achtenswert ist, seine Versprechen halten und seine Schulden zurückzahlen will, bei seiner Ehre verpflichtet, derartige Fragen bis zum Äußersten zu treiben. Muß er dann nicht entweder leugnen, daß sich natürliche Qualität beim Menschen in der behaupteten Weise mit natürlicher Qualität bei Biene und Wolf vergleichen läßt, oder die praktische Relevanz des Vergleichs bestreiten und nach Gründen fragen, warum man tun sollte, was ein guter Mensch tut?

Um diesem Einwand zu begegnen, werde ich in diesem Kapitel eine Diskussion praktischer Rationalität beginnen; ich werde nach dem Wesen und der Herkunft von Handlungsgründen fragen.

Zuerst werden wir ein paar der ziemlich komplexen begrifflichen Verknüpfungen zwischen zwei Sorten von Behauptungen klären müssen: solchen, die sagen, was jemand tun sollte, im Unterschied zu solchen, die Gründe für ein Tun angeben. Wir werden also verschiedene Aussagearten unterscheiden, in denen zum einen »sollte« in praktischer Verwendung auftritt und zum anderen Handlungsgründe artikuliert werden. Wir können hier-

8 Vgl. Lawrence, G., »Reflection, Practice and Ethical Scepticism«, S. 341.

bei auf eine Unterscheidung zurückgreifen, mit der uns Donald Davidson vertraut gemacht hat. Davidson unterscheidet:

1. was N unter einer bestimmten Rücksicht tun sollte,
2. was N »unter Berücksichtigung aller Umstände« (»absolut«)* tun sollte.[9]

Wenn wir davon sprechen, was N unter einer bestimmten Rücksicht tun sollte, können wir an Zusammenhänge wie den folgenden denken: N wird eines Nachmittags von einer scheußlichen Grippe heimgesucht. Unglücklicherweise muß er an diesem Tag einen Scheck bei seiner Bank einzahlen, wenn er sein Konto nicht überziehen will. Er überlegt wie folgt:

1. Ich sollte hinausgehen, weil ich dieses Geld zur Bank bringen muß.
2. Aber ich sollte zu Hause bleiben, weil ich meine Erkältung auskurieren muß.

Vorausgesetzt, er kann nicht beides tun, seine Erkältung auskurieren *und* seine Finanzen in Ordnung bringen, dann sehen wir N vor uns, wie er zu sich selbst sagt: »Ich sollte hinausgehen«, und auch: »Ich sollte nicht hinausgehen«.[10] Doch hier liegt, so betont Davidson, kein Widerspruch vor, weil »sollte« jeweils auf verschiedene Rücksichten bezogen ist. N hat einen Grund hin-

* Orig.: ›*all things considered*‹ (›*a.t.c.*‹). Um die englische Abkürzung bzw. eine umständlichere deutsche zu vermeiden, wähle ich schon an dieser Stelle Foots eigenen Terminus »absolut«, um die zweite Art von Sollensbehauptungen zu kennzeichnen. A. d. Ü.

9 Davidson, D., »How is Weakness of the Will Possible?«, in: *Essays on Actions and Events*, S. 21-42. [»Wie ist Willensschwäche möglich?«, in: *Handlung und Ereignis*, S. 43-72.]

10 Er wird auch beliebige andere Gründe in Rechnung stellen müssen, eher so als anders zu handeln. Üblicherweise werden nämlich andere Gesichtspunkte eine Rolle spielen – wenn auch nur so, daß Alternativen ausgeschlossen werden. Er könnte zum Beispiel theoretisch in Erwägung ziehen, einen Nachbarn (den er kaum kennt) anzurufen und ihn zu bitten, den Scheck abzuholen und zur Bank zu bringen. Selten wird es *gar keinen* Weg geben, eine Erkältung auszukurieren *und* die Überziehung des Kontos zu vermeiden, *solange man keine Methode durch Gegengründe ausschließt*. Als ich sagte, er »könne« nicht sowohl die Erkältung auskurieren als auch die Überziehung des Kontos vermeiden, meinte ich, es gebe keinen *praktisch gangbaren* Weg.

auszugehen und einen Grund, nicht hinauszugehen. Weder (1) noch (2) ergibt ein endgültiges bzw. entscheidendes »Sollte«; es ist noch nicht entschieden, was zu tun vernünftig ist. Es könnte zum Beispiel gewichtigere Gründe dafür geben, zu Hause zu bleiben. Vielleicht spricht auch nichts dagegen, eine Münze zu werfen.

Wo es etwas *gibt*, das man im absoluten Sinne tun *sollte*, kann man mit Bezug auf (1) und (2) sagen: Dasjenige »Sollte«, das die weniger gute Handlungsweise empfiehlt, sei im Verhältnis zu dem absoluten Urteil *ein Prima-facie-»Sollte«*. Ich mag diese Ausdrucksweise aber aus folgendem Grunde nicht.

Jedes »Sollte«, das auch nur *einen* Grund mit sich führt, Φ zu tun, muß sich auf einen bestimmten Gesichtspunkt (bzw. auf bestimmte Gesichtspunkte) stützen, der bei der Antwort auf die Frage: »Warum denkst du, das sei ein Grund, Φ zu tun?«, angeführt werden kann. (Schließlich zaubern wir »sollte« nicht einfach aus der Luft – nicht einmal ein relatives »Sollte«. Und man sollte uns nicht die Auskunft durchgehen lassen, wir »sähen einfach«, daß ein Grund existiert.) Mir geht es hier darum, daß diese Gesichtspunkte (nennen wir sie begründende Gesichtspunkte) möglicherweise nur einen vorläufigen oder anfechtbaren Handlungsgrund geben. Betrachten wir zum Beispiel den Gesichtspunkt, daß ein bestimmter Mann mein Vater ist. Dieser Gesichtspunkt kann als Beleg für die Aussage dienen, daß ich einen Grund habe, mich um den Mann zu kümmern, wenn er alt ist. Zweifellos ist die Tatsache, daß man jemandes Nachkomme ist, gewöhnlich »begründend«, und oft quält sich eine Familie mit der Frage, was in Anbetracht dieses relativen »Sollte« absolut getan werden *soll*. Nehmen wir nun aber an, dieser Mann sei nur deshalb mein Vater, weil er meine Mutter vergewaltigt hätte, und nehmen wir ferner an, er habe ihr später keinerlei Unterstützung zukommen lassen. Es wäre wohl ein starkes Stück, wenn er behauptete, ich hätte *irgendeinen* Grund, ihm zu helfen. Die Tatsache, daß er mein Vater ist, war ein Prima-facie-Grund für die Aussage, ich hätte einen derartigen Grund, doch tatsächlich gab es unter Berücksichtigung aller Umstände überhaupt kein »Sollte«; nichts, was auch nur in Betracht gezogen werden müßte, wenn man überlegt, was zu tun ist.

Ich ziehe es daher vor, die Beschreibung *Prima-facie-»Sollte«* für diesen Fall vorzubehalten, und ich werde das »Sollte« in meinem ursprünglichen Beispiel von Erkältung und Überziehung des Kontos als relatives »Sollte« ansprechen. Es muß allerdings auch noch das Urteil betrachtet werden, daß »N unter Berücksichtigung *aller* Umstände Φ tun sollte«. Denn nehmen wir an, wir ergänzen das obige Beispiel: N stellt fest, daß er über 39 Grad Fieber hat. Er hat unzweifelhaft Grippe, und wenn er sich hinausmüht, riskiert er eine ernsthafte Erkrankung. In so einer Situation ist für ihn das einzig Vernünftige, zu Hause zu bleiben. Es ist wirklich bedauerlich, daß sich Unannehmlichkeiten ergeben, weil sein Bankkonto überzogen wird. Dennoch sollte er zu Hause bleiben. Das ist das einzig Vernünftige. Selbstverständlich kann er sagen, es sei schlecht, daß er sein Konto überzieht, aber das heißt nur, daß es unglücklich ist: etwas, das man bedauert. Wenn er zu Hause bleibt, handelt er so, wie er handeln »sollte« (endgültiges »Sollte«), was einschließt, daß er nicht schlecht handelt. Er würde vielmehr schlecht, nämlich unklug, handeln, wenn er unter den jetzt beschriebenen Umständen hinausginge – auch wenn wir andere Gesichtspunkte hinzufügen können, so daß es richtig gewesen wäre aufzustehen: zum Beispiel, wenn die Verhinderung eines Unfalls davon abhing. In Ermangelung einer zusätzlichen Bedingung wie dieser liegt in unserem Beispiel ein vorrangiges oder endgültiges »Sollte« vor.

Wir wollen sehen, was dieses »Sollte« impliziert. Es impliziert, daß es für das Subjekt einen Grund gibt, das »Sollte« in Handlung umzusetzen. Das galt aber auch schon vom relativen »Sollte«. (N hatte einen Grund, zur Bank zu gehen, und auch einen Grund, im Bett zu bleiben.) Das besondere Merkmal eines absoluten oder endgültigen »Sollte« ist seine begriffliche Verknüpfung mit der praktischen Rationalität. Unter den oben erwähnten Bedingungen etwa (über 39 Grad Fieber) ist das einzig Rationale, zu Hause zu bleiben. Das hat wichtige Konsequenzen. Denn die Handlungen eines jeden, der nicht Φ tut, wenn Φ das einzig Rationale ist, sind *ipso facto nicht in Ordnung*. Es ist unerheblich, ob wir sagen, so jemand handle irrational, oder aber sagen, er »verstoße gegen die praktische Vernunft«. Beide Ausdrucksweisen implizieren, daß er nicht gut handelt.

Mit diesem »Sollte« müssen wir uns beschäftigen, wenn wir uns Gary Watsons Herausforderung stellen. Denn seine Frage (als Frage nach dem Aufweis eines Handlungsgrundes formuliert) hat natürlich mit praktischer Rationalität zu tun. An diesem Punkt will ich deshalb auf einen meiner alten Aufsätze zurückgreifen, der (zu Recht) heftig kritisiert wurde. In diesem Aufsatz, »Die Moral als ein System hypothetischer Imperative«, betonte ich, die Frage nach der Rationalität der Moral sei nicht dadurch entschieden, daß ein moralisches Urteil den Charakter eines Kantischen kategorischen Imperativs hat. Das mag zwar der Fall sein, insofern die Wahrheit eines solchen Urteils nicht von den Wünschen oder Interessen des Handelnden abhängt. Doch dieselbe Unabhängigkeit kommt einer ganzen Reihe von Aussagen zu, denen niemand den Status eines kategorischen Imperativs zuerkennt, wie zum Beispiel Aussagen, welche die Regeln eines Vereins spezifizieren. Wenn jemand Mitglied eines Vereins ist, kann man ihm sagen, er sollte dies oder jenes nicht tun; und er kann das nicht aus dem Grund leugnen, daß ihm das nichts bedeutet. Es ist zwar wahr: Er kann diese Vorschrift nicht so ohne weiteres zurückweisen; das beweist aber nicht, daß er irgendeinen Grund hat, ihr zu entsprechen. In *Die Brüder Karamasoff* läßt Dostojewski Staretz Sossima erzählen, wie er als junger Mann ein Duell mit einer Entschuldigung abgebrochen hatte. Als sein Sekundant sich empörte, es verstoße gegen die Regeln, sich mitten in einem Duell zu entschuldigen, antwortete er:

> »Meine Herren, [...] ist es denn wirklich so erstaunlich in unserer Zeit, einen Menschen zu treffen, der seine Dummheit bereut und öffentlich seine Schuld eingesteht?« – »Aber doch nicht mitten im Duell!« schrie wieder mein Sekundant.[11]*

Mit solchen Beispielen verband ich natürlich folgende Aussageabsicht: Die Rationalität moralischen Handelns kann keineswegs dadurch gestützt werden, daß das beteiligte »Sollte« nicht von den Interessen oder den Wünschen des Handelnden ab-

* Hier zit. nach: Dostojewski, F.M., *Die Brüder Karamasoff*, München/Zürich 1999, S. 488 f. A. d. Ü.

11 Dieses Beispiel habe ich von John Jones. Ich mag seine Übersetzung besonders, die ich aus seinem *Dostoevsky*, S. 330, entnommen habe.

hängt. Solange das Gegenteil nicht erwiesen sei, so meinte ich (unnachgiebig), sollten wir bei der Annahme bleiben, die praktische Rationalität moralischen Handelns resultiere allein aus Interessen und Wünschen.

Heute frage ich mich, wie ich die Idee, die Moral sei tatsächlich ein System hypothetischer Imperative, angesichts ihrer offensichtlichen Unverdaulichkeit auch nur für kurze Zeit akzeptieren konnte. Was mir die Idee aufzunötigen schien, war allein die Schwierigkeit, eine von Wunsch oder Interesse unabhängige praktische Vernunft aufzuweisen. Ein Aufweis à la Kant schien mir wie vielen anderen unbefriedigend. Warum aber nahmen unsere Beweise immer auf Wunsch und Interesse Bezug? Wieso kamen uns keine anderen Kandidaten als Garanten für die Rationalität der Moral in den Sinn? Ich denke, die Verführungskraft von Wunsch und Interesse, der viele erliegen, beruht auf der Kombination zweier Faktoren.

Erstens: Sowohl Wunsch als auch Interesse können tatsächlich jeweils Gründe liefern. Der Wunsch, den Tadsch Mahal zu sehen, kann es unter den richtigen Umständen vernünftig machen, eine Reise nach Indien zu planen und ein Reisebüro aufzusuchen. Ebenso kann das Wissen darum, daß Zigaretten krebserregend sind, die Entscheidung begründen, das Rauchen aufzugeben, indem es zeigt: Rauchen steht dem Eigeninteresse entgegen.[12]

Zweitens: Wunsch und Interesse haben in den Augen vieler Philosophen ein *besonderes*, vielleicht *einzigartiges* Vermögen, menschliches Handeln zu erklären. Mir scheint das – heute nicht weniger als früher – bloß eine unter Philosophen weit verbreitete Illusion zu sein. Denn schließlich kann eine Handlung durch alle möglichen Ursachen erklärt werden, wie zum Beispiel durch (a) eine Gewohnheit, (b) eine Tendenz, die Handlungen anderer zu imitieren, (c) ein besonderes Merkmal der Situation, in der man zum ersten Mal getan hat, was man nun im Begriff ist zu tun, (d)

12 Daß Klugheit allein motivieren kann, hat meines Erachtens vor vielen Jahren Thomas Nagel in *The Possibility of Altruism* [*Die Möglichkeit des Altruismus*], Kap. V und VI bewiesen. Wenn Philosophen immer noch darauf bestehen, nur die Anwesenheit eines sog. »konativen Zustandes« könne Handeln erklären, ignorieren sie, denke ich, seine Lehre.

die Tatsache, daß die Handlung eine andere Handlung ersetzt oder repräsentiert, oder sogar (e) etwas so Entlegenes wie posthypnotische Suggestion. Warum sollte nicht auch das Gewissen eine Handlung erklären können? Jemand könnte einen Gedanken über richtig und falsch als Erklärung seiner Handlung anführen, und das könnte eine wahre Erklärung sein – das hat zumindest Kropotkin offensichtlich angenommen, als er über Maklajs Entscheidung berichtete, seinen schlafenden Diener nicht zu fotografieren (vgl. Kapitel 3). Auf Anhieb spricht nichts für die Annahme, daß *handeln, wie das Gewissen befiehlt*, in die besondere Form einer Kombination aus einer Überzeugung und einem »konativen Zustand« gepreßt werden muß, bevor es als echte Erklärung einer Handlung angesehen werden kann. Natürlich können wir sagen: Einer, dessen Handlung auf diese Weise erklärt wird, »*will* das tun, was richtig ist«. Doch dann drücken wir die Absicht des Subjekts einfach mit dem Begriff des Wollens aus, zeigen aber nicht, daß die Erklärung in eine bevorzugte Form gehört.

Es ist also kein Problem zu zeigen, daß eine Überzeugung von richtig und falsch eine Handlung erklären kann;[13] das Problem besteht vielmehr darin zu zeigen, daß eine solche Überzeugung dem Handlungssubjekt einen *Grund* liefern kann, etwas zu tun oder zu lassen. Ist es möglich, daß jemand, *insofern* er tut, was falsch ist, auf eine Weise handelt, die wider die Vernunft ist? Können wir die Gesichtspunkte von richtig und falsch zu der oben aufgestellten Liste von Begründungen hinzufügen? Im 1. Kapitel habe ich davon gesprochen, daß wir das tatsächlich tun können: Wer schlecht handelt, handelt *ipso facto* auf eine Weise, die der praktischen Vernunft widerspricht. Dies war die Sichtweise, für die Warren Quinn eingetreten ist, und ich will nun für diese Sicht argumentieren und ihre Konsequenzen bedenken.

In seinem Aufsatz »Rationality and the Human Good« griff

13 Christine Korsgaard hat das auf brillante Art und Weise in ihrem klassischen Aufsatz »Skepticism about Practical Reason« bewiesen. Mit ihr bin ich in der Opposition gegen internalistische Theorien der Motivation einig; unsere Theorien unterscheiden sich aber radikal im Hinblick auf die Grundlagen der Moral.

Quinn die, wie er sagte, »neo-Humesche« Auffassung praktischer Rationalität an. Er definierte sie als eine Theorie, »die zum Ziel der praktischen Vernunft die maximale Befriedigung der Wünsche und Präferenzen des Handelnden erklärt – wobei der Einfluß von Fehlinformation, Wunschdenken u. ä. korrigiert wird.«[14] Dieser Theorie zufolge, so betonte er, hätte es die praktische Vernunft ausschließlich mit dem Zweck-Mittel-Verhältnis zu tun: Sie wäre selbst niederträchtigen Zwecken des Subjekts gegenüber indifferent. Quinn fragte an der entscheidenden Stelle in seinem Aufsatz: *Was wäre dann so wichtig an der praktischen Vernunft?* Im Ergebnis macht er auf die für uns selbstverständliche, aber selten ins Bewußtsein gehobene Annahme aufmerksam, daß praktische Rationalität den Status einer Art Haupttugend hat. So zeigt Quinn, daß wir inkonsistent sind, wenn wir die Humesche Theorie übernehmen. Ich halte Quinns Argument für äußerst originell und für sehr bedeutsam. Ich frage mich: Wenn praktische Rationalität tatsächlich ihrem Begriff nach der von Quinn aufgewiesenen Einschränkung unterliegt, warum sollte man dann irgendeinen unabhängigen Begriff praktischer Rationalität ins Spiel bringen, wenn man zeigen will, daß die Anforderungen moralischer Qualifiziertheit mit der Vernunft in Einklang stehen?[15] Ich sehe Quinn vor mir, wie er uns alle bei dem aussichtslosen Versuch beobachtet, das Pferd von hinten aufzuzäumen, und uns auffordert: »Versucht es von der anderen Seite!«

Das scheint mir heute die richtige Weise, der Herausforderung zu begegnen, die ich selbst in »Die Moral als ein System hypothetischer Imperative« formulierte. Damals hatte ich die Hoffnung aufgegeben, zeigen zu können, daß moralisches Handeln selbst dann vernünftig ist, wenn es dem Wunsch und dem Eigeninteresse des Handelnden entgegensteht. Mein jetziges Argument hängt von dem Richtungswechsel ab, den Quinn angeregt hat: »Gut« setzt eine notwendige Bedingung praktischer Rationalität voraus und geht daher in die Bedeutung von »ver-

14 »Rationality and the Human Good«, in *Morality and Action*, S. 210.

15 Quinn bietet später in seinem Aufsatz eine explizit Aristotelische Theorie des Guten.

nünftig« ein.[16] Die Richtung des Arguments ist nicht gänzlich unvertraut. Viele Menschen würden ja eine an gegenwärtigen Wünschen orientierte Theorie der Handlungsgründe ablehnen, weil sie denken: Wer wissentlich seine Gesundheit wegen eines unbedeutenden Vergnügens riskiert, verhält sich töricht und deshalb nicht gut. Wir betrachten *seinen Willen* als defekt und sagen *daher*, er habe einen Grund, sich anders zu verhalten. Auch wenn wir nicht in der Lage sind, diesen »Grund« in irgendeine vorgefaßte, an gegenwärtigen Wünschen orientierte Theorie der Handlungsgründe einzupassen, befällt uns keinerlei Zweifel, daß es wirklich töricht ist, so zu handeln. Wir halten vielmehr an unserem Urteil fest und formen die Theorie der Handlungsgründe entsprechend. Diese Annahme zur *Richtung* der Argumentation will ich verallgemeinern und jetzt geltend machen. Wir können nämlich fragen: Was ist so besonders an der Klugheit, daß man meint, nur von ihr könne mit guten Gründen behauptet werden, sie beziehe sich derart auf praktische Rationalität?

Mit all dem vor Augen, wende ich mich nun wieder Gary Watsons Herausforderung an alle zu, die wie ich eine objektive Theorie moralischen Urteilens vertreten. Am besten beginnen wir damit, Gründe im allgemeinen unter die folgenden Kategorien zu bringen:

(A) Handlungsgründe, die wir praktische Gründe nennen können;

(B) Gründe für Überzeugungen, die wir evidentielle* oder demonstrative Gründe nennen können.

Als theoretisches Unternehmen hat Philosophie natürlich die Aufgabe, Gründe des zweiten Typs zu artikulieren, indem sie für oder gegen die Wahrheit einer Vielzahl von Aussagen argumentiert, die besondere Probleme einzuschließen scheinen – Probleme, die zum Beispiel mit der personalen Identität oder der Existenz einer Außenwelt verbunden sind. Doch unter diesen vielen »philosophischen« Themen finden wir eines, welches das

* Anglizismus, abgeleitet von *evidence* (Beleg). A. d. Ü.

16 Anforderungen praktischer Rationalität könnten auch sein: die mathematische Kohärenz von Entscheidungen und das notwendige Maß an Information.

Wesen praktischer Gründe betrifft, und in diesem besonderen Fall werden wir Gründe des Typs B für Thesen über Gründe des Typs A artikulieren müssen. (Das ist sowohl in diesem Kapitel als auch in Quinns Aufsatz geschehen.) Als Gary Watson die auf Seite 77 beschriebene Herausforderung formulierte, stellte er eine Frage, die hierher gehört: Er wollte nämlich wissen, ob in einer objektiven Theorie moralischer Qualität eine »intrinsische« Verknüpfung zwischen *moralisch gut* und *Handlungsgründen* etabliert werden kann. Mein Argument auf den vorigen Seiten sollte zeigen, daß es eine derartige Verknüpfung gibt.

Vorher habe ich in den Kapiteln 1 bis 3 Gründe für Überzeugungen angeführt, die natürliche Qualität bei verschiedenen Pflanzen und Tieren sowie bei Menschen betrafen – zum Beispiel für die Überzeugung, daß eine Eiche, die nicht mit kräftigen Wurzeln tief in der Erde verankert ist, als defekt zu bewerten ist. Und beim Übergang zum Menschen brachte ich Gründe *derselben Form* für die Behauptung bei, daß Maklaj schlecht gehandelt hätte, wenn er seinen schlafenden Diener fotografiert hätte. In diesem Fall war der unmittelbare Grund folgender: Er hatte versprochen, es nicht zu tun. Und ich griff auf Anscombes Argument zurück, um zu zeigen: *ein Versprechen brechen* bedeutet seiner Natur nach, in Abwesenheit mildernder Umstände, *schlecht handeln*. Ich rechnete aber mit Zweifeln daran, daß derartige Gesichtspunkte für die Moralphilosophie von Belang sind. Und so lieferte ich Gründe für die Ausweitung des Begriffs der natürlichen Normativität auf Menschen – auch für die Ausweitung auf die moralische Bewertung menschlichen Handelns und Wollens. Ich verteidigte also eine, wie Watson sagt, objektive Theorie moralischen Urteilens. Auf den letzten Seiten habe ich mich dem Problem praktischer Gründe gestellt und schließlich Watsons Frage 2 mit »Ja« beantwortet.

Ich kehre nun zum Anfang dieses Kapitels zurück, d. h. zu dem Skeptiker, von dem wir annahmen, er habe gefragt, warum er tun sollte, was ein guter Mensch tun muß. Ich mache darauf aufmerksam, daß man seine Frage auf zwei verschiedene Weisen verstehen kann. Wir können den Ausdruck »was ein guter Mensch tun muß« *transparent* (extensional) verstehen; er bezieht sich dann zum Beispiel auf *ein Versprechen halten* oder *nicht morden*. In diesem Fall muß unsere Antwort dem Skeptiker zeigen, warum er schlecht handelt, wenn er *diese Dinge* tut – wir befinden uns dann immer noch in den Kapiteln 1 bis 3. Wir können den Ausdruck »was ein guter Mensch tun muß« aber auch *opak* (intensional) verstehen; der Ausdruck (bzw. sein Gegenstück: »was ein guter Mensch nicht tun darf«) bezieht sich dann auf *schlechte Handlungen* als solche. Wir müssen dann versuchen, dem Skeptiker die begriffliche Verknüpfung zwischen gutem Handeln und vernünftigem Handeln einsichtig zu machen. Und an diesem Punkt muß er jetzt ansetzen, wenn er auf seiner Herausforderung beharrt. Gelingt es ihm nicht, uns hier zu widerlegen, und behauptet er dennoch, ihm sei bislang nicht gezeigt worden, daß es Gründe gibt, wie ein guter Mensch zu handeln, dann ist nicht klar, wonach er verlangt. Wer einen *Grund* für *rationales* Handeln einfordert, verlangt nach einem Grund, wo Gründe a priori zu einem Ende gekommen sind. Und wenn unser Skeptiker immer noch fragt: »Aber warum *sollte* ich?«, werden wir wohl bezweifeln, daß dieses »Sollte« etwas bedeutet.

Worauf unser Skeptiker (besonders dann, wenn er ein Verbrecher ist) wirklich bestehen will, ist zweifellos, daß es uns mit allem, was wir gesagt haben, nicht gelungen ist, seine Wünsche anzusprechen. Und wenn er eine gefährliche Person ist, wird uns das größte Sorgen bereiten. Daß wir angestrengt nach etwas suchen würden, das Aussicht hätte, seine Handlungen zu beeinflussen, sollten wir allerdings nicht als Stütze einer philosophischen Theorie ansehen, die alle praktischen Gründe auf Wünsche bezieht.

5. Was einen Menschen gut macht

In früheren Kapiteln habe ich die logische Struktur beschrieben, die zur »intrinsischen« oder »autonomen« Bewertung aller Lebewesen gehört. Es ging also um *natürliche* Qualitäten bzw. Defekte, und mein Thema waren Unterschiede und Ähnlichkeiten bei der Bewertung von Pflanzen, Tieren und Menschen. Wenn wir nun das Thema »moralische Qualität« angehen, müssen wir uns mit neuen Besonderheiten des Menschen beschäftigen. Es gibt nämlich eine Möglichkeit, von der guten Verfassung von Menschen zu sprechen, die keinerlei Entsprechung bei der Bewertung von Pflanzen oder Tieren hat. Ich denke hier an Sätze, in denen das Wort »gut« mit dem Namen der Spezies selbst verbunden ist, wie wenn wir von einem »guten Menschen« oder einer »guten Person« sprechen. Es gibt hierzu kein Äquivalent in der Sprache, mit der wir Pflanzen und Tiere bewerten. Denn wenn wir von einem »guten S« in diesen anderen Fällen sprechen (bei denen wir übrigens eher dazu neigen, »ein gesundes S« oder »ein gutes Exemplar von einem S« zu sagen), denken wir an das jeweilige Lebewesen als ganzes. Wenn wir hingegen jemanden einen guten Menschen nennen, bewerten wir ihn nur in einer ganz bestimmten Hinsicht. Außerdem kommt eine Bewertung in dieser Hinsicht überhaupt nur bei Menschen in Frage, wie ich im vorigen Kapitel angedeutet habe. Von einer guten Person zu sprechen heißt nämlich nicht, ein Individuum in Hinsicht auf Körpermerkmale oder Vermögen wie Sehkraft und Gedächtnis zu bewerten, sondern: es in Hinsicht auf seinen rationalen Willen zu bewerten.[1]

In diesem Kapitel will ich diesen besonderen Fall von Bewertung detaillierter betrachten. Man könnte denken, jetzt sei ich beim Thema »moralische Bewertung« angelangt. Ich will allerdings zeigen, daß die Urteile, die man gewöhnlich als den besonderen Gegenstand der »Moralphilosophie« ansieht, tatsächlich einer größeren Klasse von Bewertungen des Verhaltens zugerechnet

1 Annäherungsweise kann man »rationaler Wille« definieren als »Wille, insofern er durch die Vernunft bestimmbar ist«.

werden sollten, die durch eine gemeinsame begriffliche Struktur zusammengehalten wird. Es ist bemerkenswert, daß wir in früheren Kapiteln bei der Besinnung auf *Handlungsgründe* anscheinend ganz bedenkenlos verschiedenartige Beispiele verwenden konnten: 1. das Beispiel von dem Grippepatienten, der ans Bett gefesselt ist, und 2. das Beispiel des Forschers Maklaj, den sein Versprechen gegenüber seinem Diener bindet. Wir machten verschiedene Beobachtungen über die Beziehung zwischen den Begriffen *Qualität* und *Grund*, ohne daß wir eine Unterscheidung zwischen »nicht-moralischen« und »moralischen« Beispielen getroffen hätten. War das ein Fehler? Ich werde zu zeigen versuchen, daß es keiner war.

Meine Auffassung ist, daß »moralische Urteile« tatsächlich mit anderen Bewertungen in einem Boot sitzen, die vielleicht zunächst nicht gewichtig genug erscheinen, um jenen allzu sehr angenähert zu werden. Bei der Besinnung auf Handlungsgründe sahen wir, daß es eine Verwendung des Wortes »sollte« (ein praktisches »Sollte«) gibt, die auf einen Handlungsgrund verweist, sogar auf einen absoluten Grund.[2] Und wir haben bemerkt, daß eine bestimmte Art menschlicher Qualifizierung – nennen wir sie praktische Rationalität – davon abhängt, daß man tut, was man tun *sollte*. »Sollte« aber ist ein »eher unbefrachtetes Wort mit unbeschränkten Anwendungszusammenhängen«, wie Elisabeth Anscombe betonte. Wir sagen:

> Sportler sollten fit bleiben, Schwangere auf ihr Gewicht achten, Filmstars auf ihre Publicity, man sollte seine Zähne putzen, man sollte in seinen Vergnügungen (nicht) wählerisch sein, man sollte (keine) »notwendige(n)« Lügen erzählen [...].[3]

Die Verwendung von »sollte« in solchen praktischen Kontexten nimmt Bezug auf einen möglichen Defekt des Handelns. Allein das Wort »sollte« sagt aber noch nicht, ob es beim betreffenden Handeln um etwas Wichtiges geht oder nicht. Anscombe macht anderswo deutlich, daß sie Lügen als sehr ernstes Vergehen betrachtet – was von anderen Einträgen ihrer Liste nicht gesagt

2 Das ist der einzige Fall, den ich von nun an betrachten werde.

3 Anscombe, G. E. M., *Intention*, § 35. [*Absicht*, S. 101.]

werden könnte. Die Verwendung von »sollte nicht« bzw. »sollte« kann etwas sehr Wichtiges kennzeichnen; oft aber betrifft sie eine Handlung, deren Ausführung oder Unterlassung bloß dumm wäre.

Wie kommt es dann, daß heute die meisten Philosophen »moralische Bewertung« für etwas ganz Besonderes halten, das man nur als Ausdruck besonderer Gemütsverfassungen wie Billigung oder als Ausdruck geistiger Akte wie Sich-zu-eigen-Machen verstehen könne? Das muß etwas damit zu tun haben, daß sich diese Philosophen auf Bewertungen konzentrieren, die häufig in einem besonderen Zusammenhang verwendet werden: dann zum Beispiel, wenn die Mitglieder einer Gesellschaft mißbilligen, was andere getan haben, und besonders dann, wenn das Gemeinwohl oder die Rechte Dritter betroffen sind. Man sollte allerdings nicht einfach voraussetzen, daß die Verwendung von »sollte« in derartigen Zusammenhängen einer besonderen logischen Grammatik folgt. Ob es die gibt oder nicht, ist als nächstes zu untersuchen.

Viele (vielleicht die meisten) Moralphilosophen der Moderne denken, ihr Gegenstand erschöpfe sich in den Beziehungen zwischen Individuen bzw. Beziehungen zwischen Individuum und Gesellschaft und solchen Dingen wie Verpflichtungen, Pflichten und Wohltätigkeit. Es sieht also so aus, als gehöre nur die erste der vier antiken Kardinaltugenden – Gerechtigkeit, Tapferkeit, Maßhaltung und Weisheit – gänzlich zur »Moral«. Die anderen drei Tugenden erachtet man heute zwar als unerläßlich für die »moralische« Praxis; man denkt aber, diese Tugenden würden zum Teil »außerhalb der Moral« bei »eigennützigem« Streben praktiziert. »Moralische« und »prudentielle« Gesichtspunkte werden einander dabei auf eine Weise *gegenübergestellt*, die Platon oder Aristoteles ganz fremd war.[4] J.S. Mill zum Beispiel drückt diese moderne Auffassung ziemlich explizit aus, wenn er in seiner Schrift *On Liberty* sagt: »Wer zum Beispiel zu Übereilung, Eigensinn und Dünkel neigt [...], wer sich gefährlichen

4 Gavin Lawrence ist eine bemerkenswerte Ausnahme von meiner gerade getroffenen Verallgemeinerung. Vgl. Lawrence, G., »The Rationality of Morality«, S. 106.

Gelüsten gegenüber nicht zu beherrschen weiß«, zeigt Fehler (Mill nennt sie »selbstbezogene Fehler«), die »nicht eigentlich sittliche Mängel« sind, Fehler, die »zwar einen hohen Grad von Torheit [...] bezeugen (mögen), aber zum Gegenstand sittlicher Bewertung [...] erst (werden), wenn eine Pflichtverletzung gegen andere daraus hervorgeht, um derentwillen der einzelne gehalten ist, auf sich selbst zu achten.«[5]

Selbstverständlich ist es nicht falsch, das Wort »moralisch« so wie Mill zu verwenden. Unsere alltägliche Verwendung entspricht dem in vielen Fällen, und ich will nicht darüber diskutieren, welche Variationen in der Verwendung sich heute außerdem noch finden.[6] Mich beschäftigt nicht die genaue Bedeutung von »moralisch«, wenn es so verwendet wird wie von Mill, sondern der sachliche Kern der Unterscheidung zwischen »moralischer« Bewertung und den anderen Bewertungen, von denen Mill in dem zitierten Abschnitt spricht – sofern es einen solchen gibt. Es mag merkwürdig erscheinen, den *substantiellen* Charakter der Unterscheidung in Frage zu stellen, denn immerhin gibt es einen besonderen Wortschatz für Mills »Sphäre der Moral«. Wörter wie »niederträchtig« und »böse« werden auf eine Handlung wie Mord angewendet, aber nicht auf törichtes Handeln als solches, sei es auch noch so selbstzerstörerisch. Auch wenn wir eine Handlung außerhalb eines technischen Kontextes »falsch« nennen, implizieren wir, daß sie ungerecht oder vielleicht unbarmherzig ist – daß sie insofern defekt ist, als sie sich gegen andere Individuen oder das Gemeinwohl richtet. Tatsächlich erfüllen Teile dieses besonderen »moralischen« Vokabulars den Zweck, besondere Beziehungen auszumachen, die zwischen Individuen bzw. zwischen Individuum und Gesellschaft bestehen, zum Beispiel Rechte, Verpflichtungen oder Pflichten. Zudem kennzeichnen manche dieser Wörter wie »niederträchtig« oder »böse« den Ernst der Sache und die Heftigkeit der Reaktionen, die das abscheuliche Handeln von Mördern, Kinderschändern und Folterern hervorruft. Das soziale und emotionale Umfeld unserer

5 Mill, J. S., *On Liberty*, 4. Kap., S. 134f. [*Über die Freiheit*, S. 106f.]

6 Erwähnt sei zum Beispiel, daß Isaiah Berlin bei einer Vorlesung sagte, die Aufnahmen von späten Quartetten Beethovens durch das Busch-Quartett hätten einen »moralischen Impetus«.

Verwendung des Vokabulars moralischer Zensur ist sehr verschieden von jenen Bedingungen, unter denen wir von Unbesonnenheit, Starrsinn, Unklugheit oder Torheit sprechen. Ich werde aber zeigen, daß es Merkmale gibt, die all den Bewertungen gemeinsam sind, die man »Bewertungen des rationalen Willens des Menschen« nennen kann.

Was sind nun die gemeinsamen Merkmale derartiger Bewertungen? Zunächst handeln sie alle nicht von körperlichen oder seelischen Fähigkeiten, sondern von freiwilligen Handlungen und Absichten. Das wird allgemein anerkannt, wenn es um »moralische« Bewertung geht. Denn offensichtlich spricht nicht alles, was Menschen *tun*, für bzw. gegen moralische Qualifiziertheit. Man nennt niemanden einen Mörder, der einen anderen dadurch tötet, daß er ausrutscht und einen Abhang hinabstürzt. Was unfreiwillig getan wird, zählt nicht. Auch äußere Einwirkung kann die Freiwilligkeit einer Bewegung aufheben, zum Beispiel wenn einer vom Sturm erfaßt oder von starken Männern weggetragen wird.[7] Und auch, wenn man das, was jemand unter Folter tut, nicht »unfreiwillig« nennen möchte, so muß man doch zugeben, daß es weniger als freiwillig ist – weil man von niemanden erwarten kann, unter diese Umständen standhaft zu bleiben.

Schwieriger wird es, wenn man Wissen zu den Bedingungen freiwilligen Handelns rechnet.[8] Ganz offensichtlich entschuldigt Unwissen in manchen Fällen. Ein Beispiel: Eine Ärztin behandelt einen Notfall (das Opfer ist auf halber Höhe eines Steilhanges eingeklemmt), tötet den Verunglückten aber, da sie von der Allergie des Patienten gegen ein Standardmedikament nichts weiß. Die Ärztin kann sagen, sie habe bedauerlicherweise das Falsche getan. Aber sie hat vielleicht heroisch gehandelt, als sie die Felswand hinaufstieg, um dem Eingeklemmten zu helfen. In diesem Fall müssen wir Kant zustimmen: Das bedauerliche Ergebnis ist für die Qualität des Willens ohne Bedeutung, anzuklagen ist statt dessen die »stiefmütterliche Natur«.[9]

Die Handlung der Ärztin war selbstverständlich nur unter der

7 Vgl. Aristoteles, *EN* III 1, 1110a1-34.

8 A.a.O., 1110b18-1111a20.

9 *Grundlegung zur Metaphysik der Sitten*, 1. Abschn., BA S. 3.

Beschreibung »Behandlung« beabsichtigt, nicht hingegen unter der Beschreibung »Tötung«, andernfalls wäre sie unmittelbar moralisch zu verurteilen. Allerdings habe ich das Beispiel mit Bedacht gewählt. Denn nicht jeder Fall von Handeln in Unwissenheit ist auf diese Weise entschuldbar. Unsere Ärztin hat in einem Notfall gehandelt, so daß die Entdeckung der Allergie ausgeschlossen war. Und es war davon die Rede, daß sie die Standardbehandlung durchführte, wie es jeder gewissenhafte Mediziner getan hätte.

Diese letzte Bemerkung verweist darauf, daß Mangel an Wissen nicht immer entschuldigt – obwohl es »etwas von der Freiwilligkeit aufhebt«. Denn das Unwissen selbst könnte freiwillig sein. Zum Beispiel dann, wenn ein Waffenhändler es heute in Deutschland so einrichtet, daß er nicht erfährt, ob die Waffen, die er an ein bestimmtes Land liefert, an ein Unterdrücker-Regime weiterverkauft werden. Oder er forscht doch nach, läßt sich dann aber im Ergebnis seiner »Nachforschungen« nicht durch die vorhandenen Belege, sondern durch sein eigenes Interesse lenken. Das ihm willkommene Urteil würde ihn nicht freisprechen, weil er es, so sagen wir, nicht ohne Hintergedanken fällte.[10] Außerdem könnte das Unwissen einer Person ihrem Willen angerechnet werden, wenn sie es fahrlässig versäumt, die Tatsachen aufzudecken, die sie kennen sollte und könnte. Dieser Fall ist besonders interessant und auch von praktischer Bedeutung im Alltag. Vielleicht gibt es keinen Zeitpunkt, zu dem diese Person sich entschieden hat, die Tatsachen nicht zu ermitteln, oder zu dem sie es unmöglich machte, das zu tun. Der Fehler könnte der einer bloßen Unterlassung sein. Doch Unterlassung ist ein häufiger Fehler beim Handeln, und es ist nur ein besonderer Fall von Unterlassung, nicht aufzudecken, was man hätte aufdecken können und sollen. Die Unterlassung könnte schuldhaft sein, weil der Betreffende eine Position besonderer Verantwortlichkeit innehat. Die praktische Bedeutung des Themas »schuldhaftes Nichtwissen« ergibt sich allerdings nicht nur im Blick auf Positionen besonderer Verantwortlichkeit. Gibt es

10 Viele Ansichten von Sklavenhaltern bzw. von Weißen überhaupt im südafrikanischen Apartheid-Regime müssen von dieser Art gewesen sein.

nicht auch Dinge, welche die meisten Erwachsenen in einem Land wie dem unseren nicht nur wissen könnten, sondern auch wissen sollten? Ich denke zum Beispiel an die Grundregeln Erster Hilfe und an Verfahren wie Herz-Kreislauf-Wiederbelebung. Vielleicht hält man meine Behauptung für überzogen: Man kann doch von niemandem erwarten, daß er alles weiß, was nötig sein könnte, um ein Leben zu retten. Das ist richtig. Doch an den von mir gewählten Beispielen kann man die Kriterien ablesen, nach denen ich zum Beispiel urteilte, daß die meisten von uns nicht nur etwas über Erste Hilfe lernen können, sondern auch sollten. Schuldhaftes Unwissen liegt nur vor, wo es außer dem Sollen auch ein Können gibt. Das wird deutlich, wenn man dem Erste-Hilfe-Beispiel ein anderes Beispiel gegenüberstellt: Wie ich mich erinnere, führte Elizabeth Anscombe es an, um diesen Punkt zu illustrieren. Nehmen wir an, sagte sie, ein Säugling wäre auf den Stufen ihres Hauses ausgesetzt worden und dort während der Nacht gestorben, weil sie nicht gewußt hätte, daß er dort lag. Natürlich hätte sie es wissen können: Das Kind wäre zum Beispiel gerettet worden, wenn es ihre Gewohnheit gewesen wäre, nachts die Treppe vor der Haustür stündlich zu kontrollieren. Man kann aber selbstverständlich nicht sagen, sie hätte ihre Treppe stündlich kontrollieren *sollen*. Leicht erkennt man die Faktoren, die dieses Beispiel von dem Erste-Hilfe-Beispiel unterscheiden. Zufällig ist das Übel, das durch Unwissen entstehen würde, in beiden Fällen sehr groß, und das ist von Bedeutung. Andererseits ist die Wahrscheinlichkeit, daß ein derartiges Wissen benötigt wird, in dem einen Fall erheblich höher als im anderen. Gleiches gilt von dem Aufwand, den die Person betreiben muß, um das jeweilige Wissen zu erwerben.[11]

Mit diesen Beobachtungen haben wir logische Grenzen nachge-

11 Der Fall des Handelns in Unwissenheit infolge des Versäumnisses, das herauszufinden, was man hätte herausfinden können und sollen, ist von besonderem Interesse für die Philosophie des Geistes. Welches Handeln freiwillig ist, hängt hier nämlich davon ab, was man hätte wissen sollen; also wird Freiwilligkeit dem Handlungssubjekt aufgrund von *Kriterien* zugeschrieben, *die selbst auf Bewertung Bezug nehmen*. Die Idee, Freiwilligkeit könne durch die *kausale* Untersuchung eines Vermögens entdeckt werden, erweist sich somit als Irrtum.

zogen, in denen sich die Bewertung des menschlichen Handelns als solches bewegt. Die Diskussion betraf scheinbar im besonderen das, was man heute »moralisches Urteil« nennt und was Mill als solches ausdrücklich ausgesondert hat. Doch lassen sich »selbstbezogene« Schwächen als Mangel an Weisheit einordnen, und die entsprechenden Beschreibungen sind begrifflich genauso wie »moralische« Beschreibungen (zum Beispiel »boshaft«) durch Bedingungen der Freiwilligkeit eingeschränkt. Man sagt von niemandem, er tue etwas Törichtes, wenn das, was er tut, unfreiwillig ist, zum Beispiel wenn er ins Meer fällt, weil ihn eine riesige Welle erfaßt hat. Und auch hier kann Unwissen freisprechen: Wer beispielsweise mit dem Rauchen begonnen hatte, als der Zusammenhang von Rauchen und Krebs noch nicht bekannt war, handelte nicht unklug. Aber Unwissenheit hat wie vorhin ihr logisches Gewicht nur dann, wenn sie nicht etwas betrifft, das der Betreffende wissen konnte und sollte. In unserer Gesellschaft zeigt ein Analphabet, der das Lesen lernen könnte, sich aber nicht die Mühe macht, es zu tun, Mangel an Weisheit. Genau in dieser Hinsicht ist *Weisheit* ein aufschlußreicher Begriff, denn er selbst umfaßt nicht mehr Wissen und Verstehen, als ein Mensch mit normaler Begabung im Laufe eines gewöhnlichen Lebens erwerben kann und sollte.

In einer besonderen Verknüpfung mit Freiwilligkeit liegt also das erste begriffliche Merkmal der besonderen Bewertungen, die nicht einfach Qualitäten und Defekte *von Menschen* betreffen (das tun andere Bewertungen auch, zum Beispiel die Bewertung von Sprachfehlern), sondern die Qualität des *rationalen Willens*. Und hier mache ich geltend, daß der Bereich dieser besonderen Bewertungen größer ist als der, den Mill auszeichnete, als er von »Moral« sprach. Wir haben also einen ersten Grund dafür, das Thema »Tugenden« als ein Ganzes zu behandeln – wie es schon die Klassiker der Antike taten.

Man kann auch von einem zweiten wichtigen Kennzeichen der »moralischen« Bewertungen Mills zeigen, daß es zu einer größeren Klasse gehört. Das Kennzeichen läßt sich knapp so beschreiben: Gut und schlecht können aus formal unterscheidbaren Dimensionen einer Handlung resultieren, die sich folgendermaßen auseinanderhalten lassen:

Erstens kann die Qualität des Handelns aus dem Wesen der Handlung resultieren – daraus, was getan wird. In dieser Hinsicht ist im allgemeinen ein Akt der Lebensrettung gut, eine Tötungshandlung dagegen schlecht.[12]

Zweitens ist das Ziel, um dessentwillen eine Handlung ausgeführt wird, eine unabhängige Quelle von gut bzw. schlecht. Eine gute Handlung (sogar die Ausübung einer Pflicht) kann insofern schlecht sein, als sie um eines schlechten Zieles willen getan wird – wenn etwa ein Erpresser das Leben seiner Geisel rettet, um seine Geldquelle nicht zu verlieren. Auch kann man eine schlechte Handlung um eines guten Zieles willen tun. Die Handlung muß dadurch nicht gerechtfertigt sein – wie wenn ein Testamentsvollstrecker ein Testament vernichtet, damit das Geld einem Armen und nicht einem reichen Erben zugute kommt. Im Unterschied dazu gibt es aber auch Ziele, die eine schlechte Handlung rechtfertigen – wenn es zum Beispiel notwendig ist, jemandes Eigentum zu zerstören, um die Ausbreitung eines Feuers zu verhindern.

Eine dritte Quelle von gut bzw. schlecht liegt im Verhältnis der Handlung zum Gewissensurteil des Handlungssubjekts. Auch hier können gut oder schlecht mit gut bzw. schlecht bei Wesen und Ziel der Handlung kombiniert werden. Oft wird angenommen, der Umstand, daß einer tut, *was er für richtig hält*, hebe die tatsächliche Schlechtigkeit der Handlung oder der Absicht auf. Aber Thomas (dessen Erörterung dieses Themas ein wundervolles Stück Moralphilosophie darstellt) besteht darauf, daß ein ir-

12 Bei diesen Unterscheidungen folge ich im großen und ganzen Thomas von Aquin. Was er zu Spezies und Umständen einer Handlung sagt, ist allerdings komplex, und ich versuche nicht, seine Auffassung genau wiederzugeben. Daß die Umstände häufig die Qualität einer Handlung beeinflussen, ist nichts Außergewöhnliches. Was man tut, indem man jemanden seiner Freiheit beraubt, hängt zum Beispiel davon ab, ob er durch einen fairen Strafprozeß eines Verbrechens überführt wurde. Auch ein Ziel kann auf diese Weise relevant sein – d. h. aber selbstverständlich nicht, durch ein gutes Ziel werde eine Handlung immer gut. Vgl. die nachfolgende Diskussion des »Absolutismus« auf den Seiten 106-109, 149ff.

rendes Gewissen nicht freispricht.[13] Der Gedanke von Thomas wird durch die traurige Geschichte vom Schicksal eines jüdischen Kindes illustriert. Man hoffte, es in Sicherheit zu bringen, indem man es zu einer Familie in Norwegen schickte, als Prag von den Nazis überrannt wurde. Das Kind starb in Auschwitz. Zwar wurde es von der norwegischen Familie geliebt, doch die Gasteltern hielten es nach der Invasion der Nazis in Norwegen für ihre Pflicht, das Kind der Gestapo zu übergeben, als ein entsprechender Befehl erging. Zweifellos waren sie aufgrund irgendeiner Sympathie mit den Nazis davon überzeugt, sie täten »das Richtige«. Das irrende Gewissen – Thomas sagt immer: »Vernunft oder Gewissen« (*ratio vel conscientia*) – spricht nicht frei.

Dennoch, meint Thomas, darf man auch dann nicht gegen sein Gewissen handeln, wenn es einem etwas befiehlt, das man in Wirklichkeit nicht tun sollte. Sogar ein irrendes Gewissen »bindet«, sagt er. Denn der Wille richtet sich, wenn er dem Gewissen widerstreitet, auf eine Handlung *als etwas Böses*, insofern die Vernunft diese Handlung als böse hinstellt. Das stimmt sicherlich. Denn ein Handeln wider die eigene Vorstellung davon, wie man handeln sollte, ist eine äußerst radikale Form von Schlechtigkeit des Willens. Wie könnte ein Mensch gut handeln, wenn er tut, was er als böse ansieht? Wäre das nicht so, als ob ein Bogenschütze nicht einmal dorthin zielen würde, wo er die Zielscheibe vermutet?

Was also hätte das norwegische Ehepaar tun sollen? Nach Thomas' Meinung hätten sie in jedem Falle schlecht gehandelt, ob sie das jüdische Kind ausgeliefert hätten oder nicht. Das liegt daran, daß es in derartigen Situationen für Leute *mit solchen Ansichten* keinen Weg gibt, gut zu handeln. In unserem Beispiel kann man mit guten Gründen sagen, daß die Gasteltern mit ihren Ansichten im Unrecht waren. Sie wußten ja bereits, daß das Kind Schutz vor den Nazis brauchte. Und daß die Vorgehensweise der Nazis schlecht war, hätten sie erkennen können und sollen. Man kann allerdings kaum glauben, daß die Auffassung von Aristoteles und Thomas stimmt, der zufolge Fehler in den *Prinzipien* nie-

13 Vgl. *Sth* I-II, q. 19, a. 5 f.

mals zu entschuldigen sind. Schließlich gibt es Fälle, in denen sich bekanntermaßen trefflich über richtig und falsch streiten läßt.[14]

Ich bin auf die Frage nach verschiedenen Quellen der Schlechtigkeit von Handlungen eingegangen, weil ich denke, das Thema wird in der modernen Moralphilosophie selten gut behandelt. Bisher waren meine Beispiele dem Bereich entnommen, den Mill der Moralität zuwies. Aber die erwähnten Mängel haben ihre Parallelen in Bereichen, die Mill ausschloß – wo Selbstzerstörung den Platz von Grausamkeit gegen andere einnimmt und Gleichgültigkeit in bezug auf das eigene Wohl den Platz von Gleichgültigkeit in bezug auf das Wohl anderer. Es gibt also, erstens, Handlungen wie Selbstverstümmelung und Selbstmord, die generell schlecht sind, deren Schlechtigkeit aber nicht von dem Schaden abhängen muß, den vielleicht ein anderer erleidet.[15] Niemand kann, zweitens, gut handeln, wenn er durch Selbsthaß eine Schädigung seiner selbst, mag sie auch noch so gering sein, anstrebt bzw. sorglos auf sich zieht – man kann auch an die Art von Gehässigkeit denken, die Dostojewski unvergeßlich in seinen *Aufzeichnungen aus einem Kellerloch* beschrieben hat. Und schließlich kann man, drittens, auch in diesen Bereichen dann nicht gut handeln, wenn man tut, was man ernsthaft – ob zu Recht *oder auch zu Unrecht* – nicht tun zu dürfen glaubt.

Soweit haben wir also keinen Grund anzunehmen, daß Mills »moralische« Bewertungen anders behandelt werden sollten als andere den menschlichen Willen betreffende Bewertungen. Ein solcher Grund ergibt sich auch dann nicht, wenn wir nach dem umfassenden Urteil in Fällen wie den zuvor beschriebenen fra-

14 Vgl. Anscombe, G. E. M., »Two Kinds of Error in Action«.

15 Außer in bestimmten, recht seltenen Fällen (zum Beispiel bei schwerem Leiden im Endstadium einer Krankheit) widerspricht Selbstmord der Tugend der Hoffnung. Es mag einige überraschen, daß ich Hoffnung eine Tugend nenne, doch selbstverständlich ist sie eine. Zum Teil deshalb, weil wir oft versucht sind zu denken, alles sei verloren, wenn *wir nicht wirklich wissen können, daß es so ist*. In Anbetracht der entsetzlichen Zahl von Selbstmorden unter Jugendlichen in unserer Gesellschaft meine ich, Hoffnung sollte unter den ersten Gaben einer guten Fee an der Wiege eines Kindes sein.

gen, in denen wir es mit einer Mischung von gut und böse zu tun haben und wo die Quelle von gut und schlecht durchaus teils »innerhalb«, teils »außerhalb« des Bereichs liegen kann, den Mill als »moralisch« spezifiziert. In meinem Beispiel des törichten Einbrechers (Kapitel 1), dessen Handlung auf eine Weise defekt war, weil er seinem unehrlichen Geschäft nachging, und auf eine andere Weise, weil er zum Fernsehen blieb, treffen wir eine doppelte Portion Schlechtigkeit an. So können wir nach Belieben gut und schlecht mischen und nach dem jeweiligen Ergebnis fragen. Was ist, wenn verschiedene Faktoren die Bewertung in verschiedene Richtungen lenken? Wann kann eine Handlung in so einem Fall gut genannt werden? Ist eine Handlung beispielsweise schon dadurch gut, daß sie ein Akt der (beabsichtigten) Lebensrettung oder einer anderen Hilfeleistung für einen Bedürftigen ist? Das scheint plausibel, solange wir nicht an einen Erpresser denken, der seine Geisel vor dem Ertrinken rettet. Und was hat es mit einer Handlung auf sich, die zwar einem guten Zweck dient, diesen aber mit unmoralischen oder törichten Mitteln realisiert – oder mit einer Handlung, die zwar an sich getan werden *sollte*, die der Handelnde aber für töricht oder »falsch« *hält*? Kann irgendeine dieser Handlungen, die sowohl gute als auch schlechte Elemente enthalten, gut genannt werden? Thomas, dessen Unterscheidungen ich oben übernommen habe, behauptet entschieden, in jedem dieser Fälle sei die Handlung schlecht. Dabei beruft er sich auf das Prinzip: Ein einziger Defekt genügt, damit etwas schlecht ist; was dagegen gut ist, muß in allen Hinsichten gut sein.[16]

Thomas sieht hier eine Asymmetrie seitens der Begriffe schlecht und gut. Das könnte einem auf den ersten Blick einfach falsch vorkommen. Doch bei näherem Hinsehen erkennt man, daß sich diese Asymmetrie tatsächlich in unserem Denken findet. Ein Haus ist zum Beispiel schon dann schlecht, wenn es entweder schlecht entworfen oder feucht ist. Es ist aber nicht schon allein deshalb gut, weil es gut entworfen oder trocken ist. Nicht immer werden kleine Mängel eingerechnet, aber größere Mängel und

16 *Sth* I-II, q. 18, a. 4 ad 3.

Vorzüge gehen auf diese asymmetrische Weise in unsere Bewertung ein.

Eine Handlung ist also schlecht, so scheint es, wenn sie aus einer der folgenden Quellen Schlechtigkeit bezieht: aus ihrer Art, ihrem Ziel oder ihrer Unvereinbarkeit mit den Werturteilen des Handelnden. So viel zur negativen Seite. Wir wissen jetzt, formal gesprochen, was für einen Willensdefekt hinreichend ist. Wie steht es aber mit Qualifiziertheit? Was ist dafür hinreichend? Wieder sagt Thomas etwas, das uns vielleicht überrascht. Er sagt nämlich, eine individuelle Handlung (die dadurch individuell ist, daß sie von einer bestimmten Person zu einer bestimmten Zeit und an einem bestimmten Ort getan wird) sei *dann gut, wenn sie auf keine Weise schlecht ist.*[17] Das schien auch Anscombe evident.[18] Ich erinnere mich an den Protest, als ich bei einem geselligen Beisammensein von Philosophen von jemandem, der sich gerade ein Glas Wein nahm, behauptete, er sei im Begriff, gut zu handeln. Das Prinzip »gut, wenn nicht schlecht« sollten wir allerdings weder aufregend noch außergewöhnlich finden, wenn es auf Vollzüge eines Lebewesens angewendet wird. Schließlich wächst eine Pflanze gut, wenn in ihrer Entwicklung nichts fehlt. Und wir würden natürlich auf die gleiche Weise zum Beispiel die Bewegungen einer menschlichen Hand beurteilen: Ist sie schwach oder gelähmt, sind ihre Bewegungen auf die eine oder die andere Weise defekt. Liegt keinerlei Defekt vor, nennen wir ihre Funktion gut. So kann man auch von einem Kind, das sich normal und gesund entwickelt, sagen, es habe einen guten Gleichgewichtssinn, es laufe gut, spreche gut und komme gut mit anderen Kindern klar.

Vielleicht meint man, wenn es um menschliches Handeln geht, dächten wir anders. Und es stimmt: Wir tun das manchmal, wenn wir bestimmte Handlungen als besonders lobenswert hervorheben. Dann muß man sich aber auch in Erinnerung rufen, daß ein besonderes Lob nicht angebracht ist, wenn ein Reicher für wohltätige Zwecke einen Betrag spendet, den er nicht einmal vermißt; und daß eine unauffällige Handlung (zum Beispiel vor

17 A. a. O., a. 9.

18 Vgl. Anscombe, G. E. M., »Practical Inference«, S. 34.

Gericht die Wahrheit sagen oder eine ehrliche Meinung über einen Kandidaten für eine akademische Position abgeben) besonderes Lob verdienen kann, wenn sie unter besonders schwierigen Umständen ausgeführt wird.[19] Unter der Herrschaft von Hitler oder Stalin muß die Versuchung, Ausflüchte zu machen, tatsächlich sehr groß gewesen sein. Und *außergewöhnlich gut* kommt nicht nur bei Dingen vor, die man im allgemeinen der Sphäre der Moral zurechnet. Denn offensichtlich kann es ein Zeugnis der Tugenden Hoffnung und Tapferkeit sein, wenn sich jemand in großer Not nicht umbringt, sondern weiterkämpft. Es ist vielleicht nichts Besonderes, sich in günstigen Umständen weise zu verhalten, aber für eine alleinerziehende Mutter, die mit ihren kleinen Kindern in beengten Verhältnissen lebt, muß es in der Tat sehr schwer sein. Ein Arzt hat es einmal so formuliert:

> Es ist leicht, sich gesund zu ernähren [...] und seine Hingabe an Zigaretten zu bekämpfen, *wenn man nicht mit Umständen zu kämpfen hat, die es einem schwer machen, den Tag unversehrt zu überstehen.*[20]

Man kann nur zustimmen: Wer unter solchen Umständen weise statt selbstzerstörerisch handelt, dessen Handeln verdient als besonders gut hervorgehoben zu werden.

Bis hierher scheint unsere begriffliche Analyse dafür zu sprechen, daß die beiden Klassen von Bewertungen, die ich als zusammengehörig betrachte, in der Tat miteinander vergleichbar und nicht gegensätzlich sind. Wer dem widerspricht, hat aber noch ein weiteres As im Ärmel. Denn er könnte darauf bestehen, daß es trotzdem einen *logischen Unterschied* zwischen »moralischen« und »nicht-moralischen« Bewertungen gibt: Wo Handlungsgründe, die auf Erfordernissen der Gerechtigkeit oder der Barmherzigkeit beruhen, auf Gründe treffen, die es mit jemandes eigenen Bedürfnissen und Wünschen zu tun haben, gehen

19 Es ist natürlich wichtig, schwierige *Umstände* von der Art von Schwierigkeit zu unterscheiden, die sich aus einem Mangel an Tugend ergibt. Vgl. die Diskussion in Foot, P., »Virtues and Vices«, Abschn. II.

20 P. F. Naish, Chairman, Prevention of Heart Attacks and Strokes Enterprise, North Staffordshire Royal Infirmary: Brief im *Independent*, 17. August 1991 (meine Kursivierung).

die Gründe der ersten Art immer vor. Maklajs Versprechen (Kapitel 3) könnte einem als ein Beispiel dafür vorschweben.
Mir scheint aber, diese These vom generellen Vorrang der »moralischen« Gesichtspunkte Mills läßt sich nicht verteidigen. Man wundert sich, warum sie überhaupt vertreten wird. Vielleicht hat es etwas mit der besonderen Stellung bestimmter Verbote zu tun, die tatsächlich alle Mills »Moral« betreffen. Man kann nämlich überzeugende Argumente für einen begrenzten moralischen Absolutismus liefern, demzufolge bestimmte Handlungen unter keinen Umständen richtig sein können. Dem Ehebruch und der Lüge hat man diesen Charakter zugeschrieben; ich selbst bin im Hinblick auf beide allerdings anderer Meinung als Aristoteles, Thomas und Anscombe. Ich halte den Gedanken für geradezu grotesk, ein Widerstandskämpfer in der Nazizeit hätte, wenn nötig, etwas anderes tun sollen, als das Blaue vom Himmel herunter zu lügen, um sich und seine Kameraden zu schützen. Ein absoluter moralischer Bann der Folter scheint etwas anderes zu sein. Wenn die Beschreibung »Folter« auf eine Handlung zutrifft (was oft unstrittig ist), dann ist diese Handlung, davon bin ich fest überzeugt, unter allen Umständen moralisch »out«.[21] So ein »moralischer Absolutismus« stützt jedoch nicht irgendeine allgemeine Theorie vom grundsätzlichen Vorrang der Handlungsgründe, die man mit Mill »moralische Gründe« nennen könnte. Das leistet auch nicht der Hinweis auf eine bestimmte Anzahl von Handlungsbeschreibungen, die von einem praktischen Blickpunkt aus, wie ich sagen will, *dem Begriff nach ein Urteil enthalten*, insofern aus ihnen ein *endgültiges Sollte* bzw. *Sollte-nicht* folgt. Eine derartige Beschreibung ist zum Beispiel »ungerecht«, ebenso »grausam«. Wenn es ungerecht oder grausam ist, einer Person etwas vorzuenthalten, das man ihr schuldet, dann kann man nur schlecht handeln, wenn man es tut. Vielleicht ist es nicht immer einfach herauszufinden, ob es in einem bestimmten

21 Gefreut hat mich ein Aufsatz von Ronald Dworkin, in dem er diese Auffassung stützt (»Report from Hell«, *New York Review of Books*, 17. Juli 1986). Der Bann der Folter, so seine Ansicht, beschränkt die Macht eines tyrannischen Herrschers. Man kann Folter auch als die endgültige Negation des allgemein-menschlichen Impulses, einander zu Hilfe zu kommen, ansehen.

Fall wirklich grausam bzw. ungerecht ist, das Geld zurückzuhalten: Vielleicht würden die Kinder des Schuldners hungern, wenn er die Schuld begleicht – ein Dilemma, mit dem sich ein Geldgeber in der Dritten Welt allzu häufig konfrontiert sehen wird. Wer aber entscheidet, daß es eine Forderung der Gerechtigkeit bzw. der Barmherzigkeit ist, die Schuld zu begleichen, kann nicht zu gleicher Zeit bestreiten, daß er falsch handeln würde, wenn er sie nicht bezahlte. Vielleicht wird man annehmen, alle dem Begriff nach ein Urteil enthaltenden Handlungsbeschreibungen lieferten ein Urteil zugunsten eines Gesichtspunktes, der mit Rechten oder Bedürfnissen anderer bzw. mit öffentlicher Moral zu tun hat. Selbst wenn das so wäre, würde das wenig hergeben. Es ist aber nicht so. Das sehen wir, wenn wir Wörter wie »unklug« oder »töricht« betrachten. Auch sie enthalten nämlich ein Urteil. Sie unterscheiden sich in dieser Hinsicht von Ausdrücken wie »gefährlich« und »eigennützig«, die auf eine Handlung angewendet werden können, ohne zu implizieren, daß diese nicht getan werden sollte – was von Wörtern wie »unklug« und »töricht« nicht gilt.

Man findet leicht Beispiele, wo beim Aufeinandertreffen von Gründen für und Gründen gegen eine Handlung *nicht* der »fremdnützige« Gesichtspunkt die entscheidende Stimme haben sollte. Selbstverständlich gibt es viele Situationen, in denen eine Verpflichtung eine andere außer Kraft setzt; aber nicht jeder Vorrang vermeintlich moralischer Verpflichtungen funktioniert nach dem Prinzip *»obligation in – obligation out«*, wie es Bernard Williams unvergeßlich formuliert hat.[22] Das zeigt sich an unserem Beispiel der Person, die mit Grippe im Bett liegt. Nehmen wir an, unser Patient erkrankt gerade an dem Tag, für den er einem Freund seine Hilfe versprochen hat. Wenn das Versprechen nicht ein sehr feierliches oder der Bruch des Versprechens nicht sehr ernst für den Versprechenspartner ist, wird er zu seiner Entschuldigung sagen können: »Es tut mir leid, aber mir war es an diesem Tag nicht möglich aufzustehen.« Nicht, daß seine Beine ihm nicht gehorcht hätten: Es gab vielmehr etwas anderes,

22 Williams, B., *Ethics and the Limits of Philosophy*, S. 180ff. [*Ethik und die Grenzen der Philosophie*, S. 250-253.]

das er unter Berücksichtigung aller Umstände tun sollte, nämlich sein Bett hüten. Tatsächlich ist es für eine Person häufig vernünftig, sich selbst (erst recht ihrer Familie) Vorzug vor anderen zu geben. Wie John Taurek vor einiger Zeit in einem hervorragenden Aufsatz mit dem Titel »Should the Numbers Count?« betonte, denken wir im allgemeinen ganz und gar nicht, man sollte zum Beispiel den Verlust eines seiner Gliedmaßen in Kauf nehmen, um einen anderen vor einer schlimmeren Verletzung zu bewahren.[23] Der Slogan »Moralische Gesichtspunkte haben immer Vorrang« ist keine Wahrheit der Moralphilosophie, sondern eine sehr unplausible Doktrin darüber, was man tun sollte.

Gegen meine ganze Gedankenführung könnte man vorbringen, daß meine Aufmerksamkeit für eine große Klasse von Bewertungen uns aus der Moralphilosophie hinausgeführt hat, indem sie uns aus dem Reich der Verpflichtung und Pflicht hinausgeführt hat. Ich könnte entgegnen: »Um so schlimmer für die Moralphilosophie!« Wie gesagt, ich schere mich nicht besonders darum, wie das Wort »moralisch« verwendet wird. Aber es scheint wichtig, daß man die Bereitschaft, sich selbst Gutes zu gönnen, als eine Tugend des Willens anerkennt. Und man darf nicht vergessen, welch große Bedeutung der eigennützige Aspekt von Tugenden wie Hoffnung und Bereitschaft, sich Gutes zu gönnen, für das Leben hat.[24] Umgekehrt könnten wir die Beschreibung »moralischer Mangel« verwenden wollen, wenn wir an die Art von Ängstlichkeit, Konventionalität und willentlicher Selbstverneinung denken, die kein anderes als das eigene Leben verdirbt. Daß wir dazu neigen, in der Moralphilosophie nur von Willensdefekten zu sprechen, die sich in erster Linie auf andere auswirken, verleiht dem ganzen Thema eine abzulehnende rigoristische, zimperliche und moralistische Färbung, auf die wir im Alltag gerne verzichten. Außerdem wird uns so leicht die Sicht vernebelt, indem der Eindruck erweckt wird, Wörter wie »sollen« hätten in moralischen Zusammenhängen eine besondere Bedeutung. Tatsächlich aber liegt »soll« [*ought*] sehr

23 Taurek, J., »Should the Numbers Count?«.

24 Ein Doktorand sagte einmal zu mir, erst meine Vorlesungen hätten ihn sehen lassen, daß es unmoralisch sein könnte, »*anti-sex*« zu sein. Mir gefiel das.

nahe bei »sollte« [*should*]. Und wenn wir von einem »moralischen Zusammenhang« sprechen, zeigt das meistens nicht mehr, als daß ein Handlungsgrund im Spiel ist, der mit anderen statt mit einem selbst zu tun hat.

6. Glück und Wohl des Menschen

Ich habe schon dargelegt, daß es falsch ist, zunächst ein unabhängiges Kriterium praktischer Rationalität ins Auge zu fassen, um dann irgendwie zu zeigen, daß gutes Handeln diesem Kriterium genügt. Statt dessen sollte man die Rationalität des Wollens als einen Aspekt der Qualität von Menschen ansehen, der nicht isoliert neben die Tugenden tritt, sondern deren integraler Bestandteil ist.

Nun will ich mich detailliert mit einem Einwand gegen meine Auffassung der praktischen Rationalität auseinandersetzen: mit einem Einwand, der schon die ganze Zeit bedrohlich im Hintergrund lauert. Damit meine ich den Gedanken, daß die praktische Rationalität nichts, aber auch wirklich nichts anderes ist als das Streben nach Glück. Im letzten Kapitel habe ich nichts zum Thema »Glück« gesagt. Das war sicherlich ziemlich befremdlich, wenn man bedenkt, welchen Stellenwert das Thema in der Geschichte der Moralphilosophie hat. Wie kann man die Rationalität des Handelns diskutieren, ohne auch nur ein Wort zum Verhältnis von Tugend und Glück zu verlieren? Ist Glück etwa nicht das Wohl des Menschen [*humanity's good*]?

Ich muß nun versuchen, den Begriff des Glücks in meiner Interpretation der Qualität menschlichen Handelns unterzubringen. Wenn Laster »eine Form von natürlichem Defekt« und Tugend die gute Verfaßtheit des Willens ist, an welche Stelle im Schema natürlicher Normativität gehört dann die Vorstellung menschlichen Glücks?

Ich will dieses Problem direkt angehen. Aber zuerst sollte es unterschieden werden von der einst einflußreichen, nun aber diskreditierten Vorstellung, daß keiner jemals etwas anderes erstrebt (erstreben kann) als sein eigenes Glück. Diese Theorie beruhte auf einer unbedachten Mischung einer Intuition zur Begriffsverwendung und des psychologischen Skeptizismus: Die Intuition entsprang wahrscheinlich einer verworrenen Wahrnehmung tatsächlicher begrifflicher Beziehungen zwischen Wunsch, Erfolg und Befriedigung. Der Skeptizismus beruht wohl auf der alltäglichen Beobachtung, daß Menschen häufig das eigene Glück auch dann erstreben, wenn sie das Gegenteil behaupten. Beide Sachverhalte sind allerdings als Grundlage des psychologischen Hedonismus bzw. des psychologischen Egoismus ungeeignet. Glück ist kein universelles Handlungsziel. Tapfere Menschen wählen große und unmittelbare Übel, zum Beispiel den sicheren Tod, um andere zu retten oder zu verteidigen. Und selbst bei der Entscheidung für einen bestimmten Lebensentwurf weisen manche das Glück zugunsten eines anderen Zieles zurück.[1]

Für die Moral ist das Verhältnis von Tugend und Glück nicht problematisch vor dem Hintergrund von Theorien wie psychologischem Hedonismus und Egoismus. Das Problem ergibt sich vielmehr aus der Kombination zweier Ideen. Die erste ist, Glück sei das Wohl des Menschen; die zweite, *man könne Glück durch schlechtes Handeln erreichen*. In diesem Fall hätten wir ein unabhängiges Kriterium vernünftigen Handelns – Streben nach Glück –, und die Vernunft könnte gelegentlich verlangen, was die Tugend verbietet.

Tatsächlich scheint die Idee, Glück sei das Wohl des Menschen, die Überlegungen der zurückliegenden Kapitel zur natürlichen Normativität in Frage zu stellen, und zwar durch folgende Überlegung: Die menschliche Lebensform verwirklicht sich im Glück, und Glück sollte deshalb darüber entscheiden, was als Tugend zählt. Verhält es sich aber so, wie kann dann die Tugend manchmal verlangen, das Glück zu opfern? Und wie kommt es, daß Glück, wie es scheint, durch Bosheit erworben werden kann? Beides läßt sich doch kaum bestreiten.

Auf den kommenden Seiten werde ich mein Bestes geben, um dieses Knäuel von Ideen zu entwirren, wobei ich zugebe, daß selbst meine größten Anstrengungen in diesem tiefgründigen und schwierigen Teil der Moralphilosophie ziemlich erbärmlich sein werden. Weiter unten werde ich die Idee in Frage stellen, man könne das Glück ohne weiteres für das Wohl des Menschen halten. Ich werde zeigen, daß dieser Gedanke bei einigen Inter-

1 Als man der zukünftigen Frau von Nijinsky sagte, die Ehe mit ihm werde ihr Leben zerstören, antwortete sie: »Ich werde ihn trotz allem heiraten [...]. Ich will lieber unglücklich sein und Nijinskys Genie dienen als ohne ihn glücklich sein.« Nijinsky, R., *Nijinsky*, S. 204 [dt. S. 226].

pretationen des Wortes »Glück« nicht zutrifft. Zunächst muß man allerdings der Vorstellung Rechnung tragen, daß man glücklich werden kann, indem man Böses tut. Ich werde deshalb skizzieren, wie Glück bei diesem Gedanken aufgefaßt wird, und dafür eintreten, daß wir *nicht zu schnell* jegliche Möglichkeit einer Verbindung von Bosheit und Glück zurückweisen sollten.

Vielleicht ist es nützlich, noch weiter vorn anzusetzen und etwas über die verschiedenen Möglichkeiten zu sagen, wie Glück von Menschen ausgesagt wird – wir sagen zum Beispiel: »Ein Mensch ist glücklich bei dem, was er tut«, oder: »Er befindet sich in einer glücklichen Stimmung«, oder: »Er hat ein glückliches Leben«. In meiner nun folgenden Diskussion des Verhältnisses von »Glück« und Tugend behandle ich diese verschiedenen Aussageweisen von Glück je für sich (man muß also eine Vielzahl von Verwendungen ins Auge fassen).

Beginnen wir mit der Aussage, jemand sei glücklich damit, dies oder jenes zu tun. Möglicherweise meint der Satz recht wenig: Wenn wir von jemandem sagen: »Er ist glücklich damit, Φ zu tun«, meinen wir vielleicht nur, daß er weder unruhig ist noch sich bemüht zeigt, seine Situation zu verändern. In diesem Sinne können wir sogar ein Tier glücklich nennen. Und wenn wir »glücklich damit, dies oder jenes zu tun« von Menschen aussagen, die im Unterschied zu Tieren zufrieden oder unzufrieden sein können, könnte es nichts anderes bedeuten als die Abwesenheit von Unzufriedenheit. Meistens aber meinen wir mehr: »Glücklich damit, Φ zu tun« bedeutet dann Freude oder Vergnügen oder, daß einer etwas gerne tut. Der Begriff der Freude kommt hier ins Spiel, und man sollte annehmen, Freude sei Teil eines glücklichen *Lebens*.

Freude [*enjoyment*] ist ein schwieriger Begriff. Meistens sind es Tätigkeiten, von denen man sagt, Menschen erfreuten sich an ihnen. Und wenn Menschen solche Dinge wie Ferien oder ihren Beruf genießen, meint man hauptsächlich, sie hätten Freude an Tätigkeiten. Obschon wir das selten tun, ist es auch sinnvoll zu sagen, jemand würde sich an einer Tatsache erfreuen (daran, daß sich etwas soundso verhält). Interessanterweise stellt sich heraus, daß Freude an einer Tätigkeit häufig Freude dieser Art ist. Zwar kann man Geschlechtsverkehr, Essen und Trinken oder

Bewegung einfach deshalb genießen, weil das mit diesen Vollzügen verbundene Gefühl angenehm ist, es wäre aber schwierig, die Freude an der Philosophie auf diese Weise zu erklären – schon der Freude an Gartenarbeit wird man so nicht gerecht. In einer ganzen Reihe derartiger Fälle scheint es für die Freude von Bedeutung zu sein, daß man etwas als gut auffaßt. Häufig wird das Gute in der erfolgreichen Durchführung einer Tätigkeit bestehen. Und das Gute kann sich darin erschöpfen – zum Beispiel beim Lösen eines Kreuzworträtsels oder bei sonst einer Beschäftigung, die als solche keine weiterreichende Bedeutung hat. Als *gut an sich* kann aber auch das angesehen werden, *was* man erreicht. Stellen wir uns zum Beispiel vor, es gäbe Leute, die ihre Tätigkeiten mit verschiedenen Bewegungen einer Hand und einem steten Summen begleiteten. Nehmen wir ferner an, man könne beide Verhaltensweisen (sofern keine negativen Faktoren vorliegen) als Ausdruck von Freude ansehen. Dann wären wir in der Lage, das Verhalten dieser Leute zu übersetzen: die Handbewegung ungefähr mit »Gut, ich komme vorwärts«, das Summen mit »Gut, ich erreiche etwas Wünschenswertes«. Es fällt auf, daß beide Versprachlichungen jeweils propositional wären. Ich war überrascht, wie sehr die Freude an Gartenarbeit von dieser Art ist. Gartenarbeit verdankt, wie ich finde, wenig einer lustvollen Empfindung oder Bewegung, hingegen viel sowohl dem Bewußtsein unmittelbaren Erreichens (»Gut umgegraben!«) als auch der Aussicht auf das Gute, das man sich von der Gartenarbeit verspricht. Der Begriff des Guten geht also dem der Freude voraus und ist von ihm (in irgendeinem Sinne) impliziert. Dasselbe gilt ohne Zweifel auch von der Freude daran, Philosophie zu treiben. Auch hier finden wir Propositionalität vor – natürlich nicht in dem Sinne, daß wir es notwendig mit Gedankenfolgen zu tun hätten. Es handelt sich vielmehr um ein Gespür dafür, wie sich etwas verhält, das seinem Wesen nach nicht episodisch ist. Man darf also nicht denken, vor dem Auge des Geistes laufe ein Film ab. Das stiftet nur Verwirrung. Man muß vielmehr bemerken, daß hier der besondere Bezug auf einen Zeitabschnitt vorliegt, der Überzeugungen eigen ist. Eine Überzeugung, die jemand – selbst wenn er sie schon lange hegt – niemals artikuliert haben muß, kann dem Betreffenden im Präsens zugeschrieben werden, und zwar ohne Rücksicht darauf, ob er sich zum Zeitpunkt der Zuschreibung gedanklich mit ihr beschäftigt.[2]

Das ist eine Möglichkeit, wie Gedanken und im besonderen der Gedanke an etwas Gutes beim Glück eine Rolle spielen, aber nicht die einzige. Bis jetzt haben wir uns nämlich nur mit Freude beschäftigt, aber Freude darf man nicht als den Hauptbestandteil von Glück ansehen. Gewiß, wenn einer sich an vielem in seinem Leben erfreut, so spricht dies dafür, daß er glücklich ist. Glück hat es jedoch außerdem mit etwas zu tun, das man allgemein Fröhlichkeit [*gladness*] nennen kann. Manchmal sind es einzelne Momente, die einen froh machen, wenn man zum Beispiel eine gute Nachricht vernimmt oder irgend etwas, das einem besonders wichtig ist. Fröhlichkeit hat aber als solche nicht die zeitlichen Grenzen, die Freude aufweist. Auch dieser Teil von Glück kann die Form des *Bewußtseins von etwas Gutem* annehmen. Wiederum müssen keine Gedanken vorliegen, die einen beschäftigen. Offensichtlich macht es einen großen Teil des Glücks aus, daß man im großen und ganzen mit dem eigenen Leben zufrieden ist bzw. sich zumindest des Guten in ihm bewußt ist. Und mit der Frage »Bist du glücklich?« will man vielleicht erfahren, wie es um einen Menschen genau in dieser Hinsicht bestellt ist.

Ich habe verschiedene Kontexte skizziert, in denen sich das Wort »glücklich« und verwandte Ausdrücke finden. Zuletzt sollten wir noch den Ausdruck »eine glückliche Stimmung« berücksichtigen. Der Ausdruck beschreibt eine Stimmung, in der man heiter, zuversichtlich und dazu aufgelegt ist, sich zu erfreuen und alles gut zu finden. Es kommt vor, daß man in einer glücklichen Stimmung tatsächlich davon überzeugt ist, es stünde gut um einen, obwohl man eigentlich weiß, daß das nicht der Fall ist. Derart oberflächlich ist eine glückliche Stimmung.

Offensichtlich sind die bisherigen Erläuterungen aber völlig unangemessen, wenn wir den Wortsinn von »Glück« verstehen wollen, der uns erlaubt zu sagen, Glück sei das Wohl des Men-

2 Wittgenstein betonte, daß die Unterschiede in der Art und Weise wichtig sind, wie verschiedene »psychologische Begriffe« mit Zeitbestimmungen einhergehen. Vgl. *Bemerkungen zur Philosophie der Psychologie* II, §§ 43-63.

schen. Man denke nur an Wittgensteins berühmten Ausspruch auf dem Sterbebett, er habe ein wundervolles Leben gehabt. Mir ist nicht bekannt, daß irgend jemand diese Behauptung angezweifelt hätte. Denkt man an glückliche Bewußtseinszustände, wäre es aber in der Tat sehr merkwürdig, ein so schwieriges Leben wie das von Wittgenstein gut zu nennen. Was Wittgenstein sagte, scheint gerechtfertigt durch das, was er mit seltener Leidenschaft und Begabung tat, und im besonderen natürlich durch seine Philosophie. Schließlich hat er an anderer Stelle gesagt: »Die Freude an meinen Gedanken ist die Freude an meinem eigenen seltsamen Leben.«[3] Freude gehört zum Wesen eines guten Lebens; selbstverständlich steht ihr aber langes Leiden nicht entgegen. In diesem Zusammenhang denke ich an eine alte Quäkerin, von der ich gelesen habe; sie nannte ihr Leben für das Wort Gottes trotz vieler Verfolgungen und Leiden ein »frohes Leben« – nicht ein »glückliches Leben«; das hätte seltsam geklungen. Auch dieses Beispiel hilft uns also anzuzweifeln, daß die Ausdrücke »gutes Leben« und »glückliches Leben« dasselbe bedeuten, sofern man letzteres einfach im Sinne von Zufriedenheit, Freude oder Vergnügen versteht.

Zufriedenheit ist nicht notwendig und auch nicht hinreichend für ein Glück, das man überzeugend »Wohl des Menschen« nennen kann. Ich erinnere mich in diesem Zusammenhang an den Vortrag eines Arztes, in dem er einen seiner Patienten (vielleicht nach einer präfrontalen Lobotomie) als »vollkommen glücklich damit, den ganzen Tag Blätter aufzusammeln«, beschrieb. Das hat mich beeindruckt, weil ich dachte: »Die meisten von uns sind nicht den ganzen Tag über glücklich mit dem, was sie tun.« Mir wurde bewußt, wie seltsam es wäre, davon auszugehen, ein besonders liebevoller Vater würde eine entsprechende Operation für sein (vollkommen normales) Kind veranlassen. Das wäre natürlich riskant: Unsere Welt ist unsicher – wer weiß schon, ob das Personal wirklich täte, wofür man es bezahlte: das Kind mit Blättern oder einfachem Spielzeug zu versorgen, solange es lebt? Lassen wir das beiseite. Wir können uns jedenfalls einen Men-

3 Manuskript von 1931, zitiert nach: Malcolm, N., *Wittgenstein: A Memoir*, S. 84. [*Erinnerungen an Wittgenstein*, S. 136]

schen vorstellen, der tatsächlich sein ganzes Leben auf kindischen Zeitvertreib verschwendet hat. Die Beschreibung »Er war vollkommen glücklich mit dem, was er tat« könnte wirklich zutreffen. Das Beispiel zeigt aber wiederum, daß wir nicht bloß Vergnügen oder Zufriedenheit meinen, wenn wir über das Glück sprechen, von dem wir annehmen, es sei das Wohl des Menschen. Wie Aristoteles sagte: Niemand möchte um den Preis, ein Kind zu bleiben, »alles, was den Kindern Freude macht, in höchstem Maße genießen«.[4]

Wie sieht er also aus, dieser schwer faßbare Begriff des *Glücks*, der eine zentrale Rolle in der Moralphilosophie verdient? Die meisten Leute würden sagen, es handle sich dabei um einen Bewußtseinszustand, und zweifellos ist das nicht ganz falsch. Trotzdem liegt vielleicht genau hier der Irrtum. Denn die Beschreibung verleitet uns dazu, *glücklich sein* dieselbe logische Grammatik wie zum Beispiel *aufgeregt sein* oder *begeistert sein* zuzusprechen. Das aber ist falsch, wie deutlich wird, wenn wir zum Vergnügen eines Kindes zurückkehren und fragen, warum Aristoteles zu Recht die Annahme von sich wies, daß wir dieses Vergnügen für die Güter eines erwachsenen Lebens eintauschen würden. Was ist *seinem Wesen nach* für ein Kind unmöglich? Nicht intensives Vergnügen – das kann ein Kind empfinden. Und nicht ein Bewußtseinszustand wie Aufregung oder Begeisterung, von dem wir überall dort sprechen können, wo es bestimmte Anzeichen gibt: Das Kind jauchzt und kichert oder verlangt mehr von dem, was auch immer ihm so sehr gefällt. Und selbstverständlich können wir von einem Kind sagen, es sei damit »glücklich«, zu paddeln oder Sandburgen zu bauen. Es fehlt aber anscheinend, und zwar notwendig, die Dimension der Tiefe: eine Dimension, die wir im Blick auf das Glück, das als Wohl eines Erwachsenen in Frage kommt, nicht als bedeutungslos abtun können. Es ist ein Irrtum, Glück für etwas »im Bewußtsein« zu halten, das prinzipiell von den Erfahrungs- und Überzeugungsressourcen einer Person ablösbar ist. Man betrachtet einen geistigen Zustand dann wie die Oberfläche eines Teiches: Die kann man beschreiben, ohne sich auf etwas in der

4 Vgl. *EN* X 2, 1174a1-3.

Tiefe zu beziehen, etwa indem man das Kommen und Gehen von Wasserläufern aufzeichnet.
Eine solche Vorstellung vom tiefen Glück, und das ist der wichtige Punkt, ist völlig verfehlt. Vielleicht wird eine weitere Untersuchung helfen, auch wenn die Idee der *Tiefe* menschlichen Fühlens und Denkens selbst nicht leicht zu erklären ist.[5] Wir sollten uns in Erinnerung rufen, daß wir in der Lage sind, die Verwendung des Wortes »tief«, wenn es auf Liebe, Freundschaft, Glück usw. angewendet wird, wie jeden anderen Teil unserer Sprache zu lernen. Die Verwendung von »tief« hat also öffentliche Kriterien. Dennoch sind die Verständnisschwierigkeiten real, denn man wird hier von äußerst merkwürdigen Gedanken heimgesucht. Ich selbst habe mich bei dem lächerlichen Gedanken ertappt, was tief ist, müsse etwas damit zu tun haben, daß man tief Luft holt, oder mit dem, was tief im eigenen Inneren ist wie die Eingeweide oder das Herz. Ein etwas vernünftigerer, aber immer noch ganz irriger Gedanke ist, tief sei, was in unserem Leben viel Unruhe verursacht. Das kann nicht richtig sein, weil wir jemanden sehr gut verstehen, der auf seinem Sterbebett sagt, er hätte sein Leben an triviale Dinge verschwendet; und solche Dinge, die nicht wirklich etwas bedeuten – wie ein fürchterlicher *faux pas* oder das Ausbleiben einer Einladung zu einem Empfang der Herzogin von Guermantes –, können jedes beliebige Maß an Unruhe verursachen, bis hin zur Besessenheit. Es nützt nichts zu sagen, Triviales würde keine *tiefen* Gefühle hervorrufen, denn es ist ja gerade der Begriff der Tiefe, den wir verstehen wollen. Auch die These, man fühle eben das tief, was einen auf dem Sterbebett umtreibt, ist wenig tauglich. Denn dort kann man die wunderlichsten Sachen sagen.[6]

5 Ich diskutierte den schwierigen Begriff der Tiefe in Leben und Literatur einmal mit Isaiah Berlin. Jahre später fragte ich ihn, ob ihn das Problem immer noch beschäftigen würde. Er antwortete mit seiner oft nachgeahmten, aber letztlich unnachahmlichen Stimme: »Ich denke die *ganze* Zeit darüber nach, die *ganze* Zeit.« Es ist mir leider nicht möglich zu erfahren, ob er dem, was ich hier gesagt habe, zustimmen würde. Er lehnte aber entschieden die »Unruhe«-Theorie ab, die ich im folgenden diskutiere.

6 Vielleicht waren die letzten Worte von William Pitt dem Jüngeren tatsächlich: »Ach, mein Land, in welchem Zustand ich Dich verlassen muß!« Ei-

Alle erwähnten Hypothesen sind gleichermaßen reduktiv: Man bemüht sich, einen weniger rätselhaften *Ersatz* für die lästige Aussage über Tiefe zu finden. Vielleicht ist schon das ein Fehler. Möglicherweise stellt die Verwendung des Wortes »tief«, die uns interessiert, selbst eine Grundbedeutung dar. Das heißt, die Verwendung des Wortes »tief« in einem psychologischen Kontext hat eigene Konturen, obwohl sie Verbindungen zu der Verwendung aufweist, in der die Tiefe der physikalischen Oberfläche entgegengesetzt wird.[7] Man kann sagen: Wer Anlaß hat, von »tiefem Glück« zu sprechen, stützt sich auf ein charakteristisches Syndrom spontaner Äußerungen, Handlungen, Gesten und Reaktionen. Mindestens ebenso wichtig für die Diskussion des Verhältnisses von Tugend und Glück ist allerdings, daß es darüber hinaus eine Einschränkung in bezug auf Ursache und Objekt gibt. Diese Einschränkung zeigt sich zum Beispiel darin, daß man ohne besonderen Hintergrund nicht sinnvoll sagen kann, jemand empfinde tiefes Glück, wenn er im Kleinkrieg mit dem Nachbarn um die Morgenzeitung oder eine Milchflasche den Sieg davonträgt – egal wieviel »überschäumendes« Verhalten und Begeisterung wir uns vorstellen. Aber tiefes Glück und Freude über die Geburt eines Kindes? Das ist eine andere Sache![8] Entscheidend ist nicht einfach das, was einer sagt, sondern das, *worüber* er spricht. Warum sollte es auch anders sein? Wir sind versucht, tiefes Glück rein psychologisch zu erklären, und zwar so, *als könne es von seinen Objekten getrennt werden.* Warum aber sollte das möglich sein? Warum sollte die Bedeu-

nem anderen Bericht zufolge lauteten sie aber: »Ich denke, ich könnte eine von Bellamys Kalbspasteten essen.« Vgl. Lord Rosebery, *Pitt*, S. 258 und Anhang D, S. 297f.

7 Es ist wichtig, an die Einsicht Wittgensteins zu erinnern: Was in der Sprache ist, »bedarf äußerer Kriterien«. Vgl. zum Beispiel *Philosophische Untersuchungen* I, § 580.

8 Ein amerikanischer Staatsmann, Grover Cleveland, der bereits das höchste Amt im Land innehatte, schrieb einem Freund nach der Geburt eines lang ersehnten Kindes: »Heute habe ich meine ersten Schritte in die wirkliche Welt unternommen.« [Grover Cleveland war Präsident der Vereinigten Staaten von Amerika in den Jahren 1885-1989 und 1893-1897; P. Foot ist seine Enkelin. A. d. Ü.]

tung von »tief« nicht deshalb Gemeingut sein, weil Menschen übereinstimmend auf bestimmte Dinge reagieren, die das menschliche Leben ganz allgemein kennzeichnen? Diese Reaktionen stimmen sogar bei Menschen sehr verschiedener Kulturen überein – selbstverständlich nicht exakt, immerhin aber mit einer Ähnlichkeit, die ausreicht, daß Menschen eines bestimmten Zeitalters oder einer Kultur die Tiefe des Glücks bei einer Geburt und die Tiefe der Trauer über den Tod von Eltern, Kindern oder Freunden verstehen.

So scheinen mögliche Gegenstände tiefen Glücks solche Dinge zu sein, die im menschlichen Leben grundlegend sind, zum Beispiel Heimat, Familie, Arbeit und Freundschaft. In gewisser Weise handelt es sich um ganz Gewöhnliches. Gewiß, bei jemandem wie Wittgenstein bestand die Hauptfreude seines Lebens in der Suche nach Wahrheit; andere außergewöhnliche Menschen erleben diese Freude beim künstlerischen Schaffen oder bei der Erkundung fremder Länder. Die meisten Leute finden natürlich ihr größtes Glück in weltlicherem Umfeld. Zur Illustration eignet sich eine Geschichte von Gertrude Stein, in der sie von einer recht einfachen Frau namens Anna schreibt, die in den Diensten eines Arztes stand und für ihn und seine unverheirateten Freunde kochte. Stein sagt, daß dies eine sehr glückliche Zeit in Annas Leben war.[9] Die Beschreibung »tiefes Glück« scheint hier angebracht. Warum? Nun, die Männer »konnten so viel und mit [...] Vergnügen essen«, Anna hatte einen guten Beruf und einen stolzen Platz in der Welt.

Ganz ähnlich ist der Fall von Caleb Garth in George Eliots *Middlemarch*. Für uns heute wirkt dieser Charakter ein wenig zu ernst, aber ohne ihn wäre die Welt sicher ärmer. In dem Abschnitt, der mich interessiert, teilt Garth seiner Frau die Neuigkeit mit, daß man ihn gebeten hat, einen Teil von Sir James Chettams Ländereien zu verwalten:

> Das ist eine schöne Arbeit, Susan! Ein Mann ohne Familie würde das liebend gern auch ohne Bezahlung machen. [...] es ist ein schönes Erlebnis für jemanden, der sich im Geschäft auskennt; die Chance zu haben, ein kleines Stück von diesem Land in Schuß zu bringen, wie man so sagt, [...]. So etwas

9 Vgl. Stein, G., »The Good Anna«, S. 33. [»Die gute Anna«, S. 45 f. u. S. 61 f.]

ist mir lieber als Reichtum. Für mich ist es die ehrenvollste Arbeit, die es gibt.[10]

Es scheint mir, wir haben hier wieder einen Hinweis auf tiefes Glück vor uns. Das ist besonders verständlich, wenn wir berücksichtigen, wie bedeutungsvoll die Landwirtschaft für die Ökonomie Englands war, als George Eliot schrieb. Ein Stück Land in gute Verfassung zu bringen war etwas Wichtiges; es hatte mit Ernährung zu tun und mit Unterkunft: Die Häuser der Pächter zu verbessern war eine besondere Sorge von Garth. Land war Heimat und Unterhalt für einen selbst und andere. Im Hintergrund stand bei Garth sicherlich ein Gespür für so etwas, als er einer besonderen Art von Vergnügen daran Ausdruck verlieh, daß man ihm die Aufgabe zuteilte.

Aus diesen Beispielen und aus der Diskussion tiefen Glücks im ganzen will ich folgenden Schluß ziehen: Wir sollten der Idee mißtrauen, daß wir mit »Glück« immer einen Bewußtseinszustand meinen, der von Überzeugungsinhalten abtrennbar ist – so wie es zum Beispiel Kopfschmerzen oder eine in der Vorstellung gehörte Melodie sind.[11] Ich denke, dieses Bild sollte erschüttert werden, indem man sich klarmacht, daß es unmöglich ist, einem Kind das tiefe Glück eines Erwachsenen zuzusprechen. Wenn wir sagen, *dies* könne *dort* gefunden werden, kommen wir nämlich nicht umhin zu fragen: »Was bedeutet *dies* denn jetzt?«

Es scheint daher gewiß, daß wir über die Beschreibung eines vergnügten und zufriedenen Lebens hinausgehen müssen, wenn wir den Begriff menschlichen Glücks untersuchen. Es genügt aber nicht, ein zufriedenes Leben trivialer Freuden auszuschließen, wenn es um den Sinn von »ein gutes Leben« geht, den Wittgenstein in Anspruch nahm, als er sein Leben wundervoll nannte. Etwas Wichtiges fehlt noch. Auch wenn die Verbindung problematisch scheint, haben wir nämlich noch kein entscheidendes Argument für die These vorgebracht, daß Bosheit großes und tiefes Glück ausschließt.

10 Eliot, G., *Middlemarch*, S. 431 [dt. S. 541 f.].

11 Nicht einmal das sind wirklich Bewußtseinszustände, auch wenn Philosophen häufig so reden – und vielleicht deshalb in Verwirrung geraten.

Dieses neue Problem mache ich an einem Beispiel fest, das ich vor langer Zeit konstruierte, als ich von einem Nazi mit einer leitenden Stellung in einem von Hitlers Todeslagern las. In späteren Jahren soll er gesagt haben: »Was auch immer die Zukunft bringt, ich bin nicht der wirkliche Verlierer.« Er habe es gründlich genossen, in Brasilien zu leben, und er habe sich über die Vergangenheit nicht weiter den Kopf zerbrochen. Dieser Mann, Gustav Wagner, täuschte sich, wie ich erst kürzlich entdeckte: Er beging Selbstmord. Vielleicht hat das Böse immer seinen Preis – zum Beispiel die unverfälschte Selbsteinschätzung oder die Möglichkeit liebevoller Beziehungen zu anderen.[12]

Ich bin jedoch mit einer solchen Lösung dieses neuen Problems unzufrieden. Sie legt zuviel Gewicht auf eine ziemlich unsichere Hypothese. Was weiß ich wirklich über die Möglichkeit, Bosheit und Glück zu kombinieren? Wenn wir auf die Literatur über Männer wie Gustav Wagner zurückgreifen, dann können wir doch realistischerweise annehmen, ein bestimmter Nazikommandant – nennen wir ihn »Z« – habe seine »Arbeit« im Lager genossen, d.h., er habe Freude daran gehabt, täglich den Tod einer großen Zahl von Männern, Frauen und Kindern in den Gaskammern zu organisieren. Vielleicht hat er seine Aufgaben gutgelaunt, in einer glücklichen Stimmung verrichtet und im Bewußtsein, bei der Lösung von Verwaltungsproblemen etwas zu erreichen. Gelegentlich könnte er persönlich Gefangene für die Tötung oder die »Bestrafung« ausgewählt und sich an seiner Macht ergötzt haben, sie zu terrorisieren und auf einen Wink hin vernichten oder verschonen zu lassen.

Wir können unser Dilemma auch nicht vermeiden, indem wir uns ins Gedächtnis rufen, daß Glück nicht bloß eine Sache der Freude, einer fröhlichen Stimmung und glücklicher Betätigung ist. Wir müssen vielmehr bis zu den zugrundeliegenden Gedanken vorstoßen, die eine Person über sich und ihr Leben hegt. Denn auch hier scheint »Z« zu punkten. Über sein Vergnügen daran, die Lagerinsassen zu quälen und zu vernichten, empfand

12 Wie konnten Hitler und andere um ihn herum mehr als eine sentimentale Liebe zu Kindern empfinden, wenn sie fähig waren, auch nur ein einziges Kind in eine Gaskammer zu schicken?

er keine Scham. Ganz im Gegenteil, er betrachtete sich als jemanden, der, inspiriert von Hitlers Führerschaft, dazu beitrug, die arische Rasse zu säubern, und glaubte, damit einer großen Sache zu dienen. Wenn wir sagen, er könne nicht wirklich zufrieden gewesen sein, versuchen wir die Tatsachen mit unserer Vorstellung davon, wie sie sein *müßten*, in Einklang zu bringen. Das läßt vermuten, daß es hier für den Philosophen interessant wird. Wittgenstein lenkt nämlich unsere Aufmerksamkeit auf die Versuchung, etwas zu postulieren, indem man sagt: »Es muß so sein.« Er lehrt, in diesen Redeweisen nicht eine Tatsachenwahrheit zu sehen, sondern die verzerrte Spiegelung einer in Wirklichkeit »grammatischen« (also begrifflichen) Wahrheit.[13]

Auf den folgenden Seiten versuche ich, nicht aus den Augen zu verlieren, welchen Schluß die Tatsachen wirklich erlauben, wenn es um die gewöhnlichen menschlichen Güter der Zuneigung und Freundschaft geht, die notwendigerweise von jemandem verwirkt werden, dem es wie unserem »Z« völlig an Menschlichkeit fehlt. Ich will jedoch auch den Gedanken aufgreifen, daß die Tendenz, das wirklich Beobachtete zu überschreiten, eine begriffliche Wahrheit widerspiegelt, die noch freigelegt werden muß. Tatsächlich haben wir schon bloße Zufriedenheit als Kandidatin für das Wohl des Menschen ausgeschieden, als wir die Dimension der Tiefe ins Spiel brachten und als wir den Anspruch der Bösen auf ein in höchstem Sinne glückliches Leben in Frage stellten. Dennoch muß sicherlich noch etwas Grundlegendes hinzugefügt werden, wenn es um das Verhältnis von menschlicher Tugend und Wohl des Menschen geht.

Was das ist, kann man meines Erachtens ahnen, wenn man geradewegs zu der begrifflichen Verknüpfung zurückgeht, die im Zentrum der Idee natürlicher Qualität liegt, wie sie in diesem Buch verstanden wird.

Wir wollen noch einmal über Pflanzen und Tiere nachdenken und fragen: Wie beziehen sich bei einem Individuum Qualität und Defekt auf das, was für ein Mitglied der Spezies, zu der das Individuum gehört, als Gedeihen zählt? Gedeihen meint hier: die Lebensform dieser Spezies verwirklichen. Und um zu wis-

13 Vgl. Wittgenstein, L., *Philosophische Untersuchungen* I, § 66.

sen, ob ein Individuum so ist, wie es sein sollte, muß man die Lebensform der Spezies kennen. Eine ganz allgemeine begriffliche Verknüpfung zwischen Lebensform und Qualität wird umgesetzt in Millionen von Lebensformen verschiedener Arten von Lebewesen. Diese Spezifizierung geschieht zweifellos unter anderem historisch: durch eine evolutionäre Geschichte, mit der die Mitglieder einer jeden Spezies nicht nur auf ihre »internen« Ressourcen verwiesen werden, sondern auch auf ihre Anpassung an einen Lebensraum.

Wir wollen von zwei Annahmen ausgehen: 1. Im Falle von körperlicher Gesundheit und Fähigkeiten wie Intelligenz, Gedächtnis usw. verweist Qualifizierung auf das, was ein Lebewesen benötigt, um die Lebensform seiner Spezies zu verwirklichen. 2. Gut steht es um ein Lebewesen, wenn es seine Lebensform verwirklicht. Sofern wir nun außerdem beim Menschen *die spezifische Lebensform realisieren* und *ein gutes Leben führen* gleichsetzen können, betrifft die Frage dieses Kapitels 1. das Verhältnis von Tugend und gutem Leben und 2. die Verknüpfung eines guten Lebens mit dem Glück desjenigen, der so ein Leben führt. Bis jetzt haben wir angenommen, wir müßten begrifflich zulassen, daß ein Scheusal wie zum Beispiel »Z« ein äußerst glückliches Leben führen könnte. Doch jetzt will ich zeigen, daß sich in unserem Denken eine Möglichkeit findet, menschliches Wohl und menschliches Glück so zu verstehen, daß eine Kombination von Bosheit und Glück ausgeschlossen ist. Vielleicht unterstellt man, ein solches Glücksverständnis resultiere aus einem frommen Wunsch – es setze einen Glauben voraus, in dem wahres Glück in religiösen Begriffen definiert wird, zum Beispiel als Gottesschau oder als ein Weiterleben nach dem Tod, wie der Islam es sich ausmalt. Ich halte das für einen Irrtum. Ich denke, das, womit wir es zu tun haben, muß von den Anhängern eines jeden Glaubens und sogar von Ungläubigen anerkannt werden. Das ist jedoch ein äußerst schwieriges Thema. Es wäre voreilig zu sagen: Da Menschen *gut sind*, sofern sie die Tugenden haben, *wird es gut um sie stehen*, wenn sie gut handeln.[14]

14 Weder Elizabeth Anscombe noch Gavin Lawrence sind Philosophen, denen man vorwerfen kann, vorschnelle Schlüsse zu ziehen. Ich wünschte aber, sie würden dort, wo sie das intelligente praktische Folgern eines

Die Frage ist: Worüber sprechen wir überhaupt, wenn wir vom Wohl des Menschen reden? Können wir angesichts der phantastischen Vielfalt menschlichen Lebens wirklich annehmen, es gebe so etwas wie einen Begriff des menschlichen Wohles, der sich auf die *ganze Spezies* anwenden läßt? Ist überhaupt klar, welche Ausdrücke wir hier verwenden dürfen? Wir können von einem Menschen zwar sagen, er gedeihe, aber der Begriff des Gedeihens ist in seiner Anwendung auf Exemplare unserer Spezies zu eng: Man unterstellt damit ungetrübten Erfolg. Wittgenstein beschrieb sein Leben als ein gutes Leben, und das akzeptierten wir. Würden wir aber einen so unzufriedenen Menschen wie ihn als ein Beispiel menschlichen Gedeihens anführen, so würde das auf eine besondere philosophische Wortverwendung hindeuten.

Tatsächlich ist vielleicht schon in der Rede vom Wohl des Menschen ein unwillkommener Anflug von Philosophie. Man ist versucht, die Wendung »Wohl des Menschen« als völlig vertraut anzusehen – zum Beispiel in der Frage »Ist Glück das Wohl des Menschen?«. Vielleicht sind wir bereits verloren, wenn wir so reden. Natürlich ist es vollkommen in Ordnung, einem Wort oder einem Ausdruck in der Philosophie eine besondere Bedeutung zu verleihen; man muß dann aber seine Bedeutung wirklich klarstellen. Andernfalls könnte uns ein aufdringliches Bild dazu verleiten, eine logische Grammatik zu erfinden, wodurch die Debatte wahrscheinlich verzerrt wird.[15]

Wie also können wir so eine Sonderterminologie und zugleich die zu engen Implikationen eines Wortes wie »gedeihen« umge-

Menschen erörtern, dessen Ziele schlecht sind, nicht geradewegs zu der Behauptung übergehen, dieser »handle sich selbst ein großes Übel ein«. Tatsächlich scheint Aristoteles genau dies zu sagen, wenn er praktisches Folgern in der *Nikomachischen Ethik* untersucht; vgl. *EN* VI 10, 1142b18-20. Die Frage ist aber: Warum sollten wir akzeptieren, was er sagt?

15 Ich denke zum Beispiel an die Art und Weise, wie Philosophen dazu neigen, von »the mind« zu sprechen und dabei auf ihren Kopf zu zeigen. Niemand zeigt auf seinen Kopf, wenn er sagt »I haven't made up my mind« oder »My mind is all confused«, und ein Lehrer hat keinen besonderen Grund, an den Kopf eines Studenten zu denken, wenn er die Qualitäten seines Geistes beschreibt.

hen, wenn wir über das Wohl des Menschen nachdenken? Ich denke, wir könnten einen ersten Weg durch unser unwegsames Gelände bahnen, wenn wir den Begriff des *Wohltuns* betrachten, wie er auf den Bereich des Lebens angewendet wird. Wir wollen fragen, was es bedeutet, einem Lebewesen wohlzutun. Schließlich scheint das dasselbe zu sein wie etwas zu tun, das gut für das Lebewesen ist. Der Begriff des Wohltuns hat anscheinend die richtige Art von Allgemeinheit, und er wird natürlich nicht nur eine vorteilhafte Veränderung in einem Organismus abdecken, sondern auch, was diesen vor äußerem Schaden bewahrt. Um einem Individuum wohlzutun, könnte es notwendig sein, auf es selbst einzuwirken (seine Verfassung zu verbessern) oder aber auf seine Umwelt. Der heilige Hieronymus heilte die Tatze des Löwen, Noah aber rettete seine Tiere vor der Flut.[16] Beiläufig können wir jedoch zur Kenntnis nehmen, daß man einem Lebewesen je nach Lage der Dinge nicht notwendig wohltut, wenn man es in eine bessere Verfassung bringt, indem man entsprechende Hilfen leistet, zum Beispiel Medizin verabreicht, oder wenn man seine Umweltbedingungen verbessert. Der heilige Hieronymus hätte dem Löwen nicht wohlgetan, wenn dieser, von seinen Schmerzen erlöst, aufgesprungen und sofort in eine Falle getappt wäre. Und bei Menschen? Denken wir daran, daß es Zeiten gab, in denen gerade die gesunden Männer in die Minen geschickt wurden, und daß menschenfreundliche Ärzte in den Krankenbaracken von Hitlers oder Stalins todbringenden Arbeitslagern manchmal darauf bedacht waren, daß ihre Patienten nicht zu schnell zur Arbeit zurückkamen.

Wir wollen nun den Begriff des Wohltuns spezifisch in bezug auf Menschen betrachten und die Diskussion als einen ersten Schritt zum Verständnis der Idee von Glück verwenden, die es verbie-

16 Ich würde an diesem Punkt ergänzen, daß man von Tieren nicht sagen kann, daß sie gedeihen, wenn sie nicht so etwas wie ein natürliches Leben führen. Einem Tier nützt man nicht, indem man es durch künstliche Ernährung und künstliche Beatmung am Leben erhält, weil ein derartiges Leben von seiner Lebensform *zu weit entfernt* ist. Was so einem unnatürlich festgehaltenen Tier überlebensdienlich wäre, wie zum Beispiel äußerste Fügsamkeit, ist bei einem Wesen seiner Art vielleicht keine Qualität, sondern ein Defekt.

tet, Bosheit und Glück im Falle unseres zwar fiktionalen, aber leider so lebensnahen »Z« zu kombinieren. Zunächst will ich mich hier auf das geläufige Verständnis von Wohltun berufen. Betrachten wir einmal wirkliche Scheusale, wie zum Beispiel die Serienmörder Frederick und Rosemary West, die in ihrer Laufbahn von Mißbrauch und Mord nicht einmal ihre eigenen Kinder verschonten. Viele Jahre lang war es ihnen möglich, ihre sexuellen Phantasien auszuleben, ohne entdeckt zu werden; und das hätte problemlos bis zum Ende ihres natürlichen Lebens so weitergehen können. Was könnten wir berechtigterweise von dem Beitrag der Leute sagen, deren Verhalten in diesem Fall die Verbrechen der Wests ermöglicht hätte? Hätten sie den entsetzlichen Wests *wohlgetan*? Spontan regt sich Widerwille gegen eine solche Ausdrucksweise. Mir scheint, diese spontane Reaktion spiegelt eine begriffliche Wahrheit, die gewöhnlich nicht so klar an der Oberfläche liegt. Und wenn hier die üblichen begrifflichen Verknüpfungen zwischen Wohltun und dem, was gut für ein Individuum ist, bestehen (was sicher zutrifft), dann zeigt jener Widerwille, daß es zum Wohl der Wests nichts beigetragen hätte, wären sie nicht entdeckt worden.

Daß Glück auf diese Weise aufgefaßt werden kann – als begrifflich nicht von Tugend zu trennen –, wird meines Erachtens eingehender durch ein anderes Beispiel demonstriert, das mich viele Jahre lang vor ein Rätsel gestellt hat. Ich denke an einige sehr tapfere Männer, die sich den Nazis widersetzten.[17] Von den meisten dieser besonderen Menschen, von denen viele sehr jung waren, habe ich durch die Briefe erfahren, die in dem Buch *Du hast mich heimgesucht bei Nacht* veröffentlicht sind – das Buch sollte besser bekannt sein.[18] Es sind Briefe von in Nazideutschland verurteilten Gefangenen, die auf ihre Hinrichtung warteten: Briefe an ihre Frauen, Eltern oder Geliebten, die gerade deshalb sehr eindringlich zeigen, was die Schreiber verloren, als sie ihr Leben opferten. Bei der Abfassung der Briefe war der Tod schon beschlossene Sache. Wahrscheinlich hätte kaum einer von ihnen

17 Viele Diskussionen mit Gavin Lawrence haben mich diesen Fall nie vergessen lassen und waren mir eine große Hilfe.

18 H. Gollwitzer u. a. (Hg.), *Du hast mich heimgesucht bei Nacht: Abschiedsbriefe und Aufzeichnungen des Widerstandes 1933 bis 1945*.

dem Tod entrinnen können, was auch immer er gesagt oder getan hätte. Aber früher – ich denke zum Beispiel an einen Pastor, der sich weigerte, seine Predigten gegen die Mißhandlung der Juden einzustellen – müssen sie eine Wahl gehabt haben: entweder Leben im Kreise der Angehörigen oder Tod im Gefängnis. Auf jeden Fall, da bin ich sicher, hätte keiner von ihnen den Versuch unternommen, eine bessere Behandlung am Ende dadurch zu erkaufen, daß er seine gegen die Nazis gerichteten Überzeugungen widerrufen hätte. Modifizieren wir also das Beispiel und gehen davon aus, daß die Männer immer noch hätten wählen können, als sie die Briefe schrieben.

Ich denke, der so aufgefaßte Fall ist besonders interessant. Denn diese Männer – wir wollen sie Briefeschreiber nennen – könnten, wie bereits erläutert, ein besonders glückliches Leben gehabt haben, wenn sie nicht in fürchterlichen Zeiten gelebt hätten. Die Briefe vermitteln den Eindruck, ihre Verfasser seien für die Freude an den besten Dingen im Leben: für großes Glück, besonders disponiert gewesen. So kann man auf ganz natürliche Weise sagen: Sie opferten wissentlich ihr Glück, als sie ihre Entscheidung fällten. Aber damit scheint noch nicht alles gesagt zu sein. Gibt es nicht neben dem Sinn, in dem die Briefeschreiber ihr Glück opferten, *doch auch einen Sinn, in dem sie ihr Glück nicht opferten*, als sie es ablehnten, die Nazis zu unterstützen? Abstrakt gesprochen war das, wonach sie so sehr verlangten, nämlich die Rückkehr zu ihren Familien, selbstverständlich etwas ganz und gar Gutes. Aber in ihrer Situation war es ihnen nicht möglich, solche Ziele auf gerechten und ehrenhaften Wegen zu verfolgen. Und dies erklärt, so mein Gedanke, in welchem Sinne sie ihr Glück nicht in etwas sehen konnten, das sie durch Einlenken bekommen hätten. Sie könnten gesagt haben: Glück ist für uns in diesem Leben nicht möglich.[19] Es scheint, als

19 Leser dieser Briefe waren angetan von der außergewöhnlichen Atmosphäre des Glücks, die sie ausstrahlen. Vielleicht hat das damit zu tun, daß praktisch alle Schreiber bekennende Christen waren, die meinten, einen Auftrag Gottes auszuführen. Man muß aber sehen, daß solche Überzeugungen einen Menschen unter schrecklichen Umständen oft nicht tragen. Doch selbst dann kann ein tapferer Mensch *in einer bestimmten Hinsicht* froh über das sein, was geschieht: zum Beispiel kann einer, der nach der

könne man zum Grund dieser Sache einfach vorstoßen, wenn man an die Beschämung denkt, die Männer vom Kaliber der Briefeschreiber zweifellos im späteren Leben gefühlt hätten, wenn sie den Nazis nachgegeben hätten. Das ist selbstverständlich wichtig: Vielleicht haben sie gespürt, alles Spätere werde verdorben, wenn man es durch solches Handeln erkaufte. Allerdings ist das noch nicht der Kern der Sache. Denn angenommen, man hätte ihnen ›Lethe‹ angeboten, eine Droge, die verhindert hätte, daß sie später von der schändlichen Handlung gewußt hätten: Sie hätten sie nicht genommen. Auf eine bestimmte Weise hätten sie *gespürt, daß ›Lethe‹ kein Glück versprochen hätte.*[20] Es ist genau dieser schwierige Gedanke, den ich festhalten und verstehen will. Zumindest ist er ein klares Indiz dafür, daß in unserem Denken noch andere Glücksbegriffe eine Rolle spielen können als jenes Glück, das mit Tugend nichts zu tun hat.

Ich gebe also die Möglichkeit zu bedenken, daß das Wohl des Menschen in einem Glück besteht, das a priori mit Bosheit unvereinbar ist. Als Wittgenstein sein Leben wundervoll nannte, meinte er sicherlich nicht, er hätte ein tugendhaftes Leben geführt. Aber ich bin sicher: Das, was er an seinem Leben verurteilt hätte, hätte er nicht als Quelle von Glück angesehen. Natürlich könnte kein menschliches Leben ein gutes Leben sein, wenn es auf Vollkommenheit ankäme – der Begriff eines solchen Glücks hätte keine Anwendung. Doch auch wir haben anscheinend eine Vorstellung von dem, was Aristoteles beschrieb, als er in Buch I

Folter bewußtlos in seine Zelle geworfen wird, »Gut!« sagen, wenn er gewahr wird, daß er keine Informationen weitergegeben hat – trotz seiner verzehrenden Angst vor dem, was der nächste Tag bringen wird.

20 Um diese Möglichkeit als Glück zu sehen, hätten die Briefeschreiber sich verändert haben müssen. Die Idee einer solchen Veränderung aber hätten sie nicht akzeptiert. Anders liegt der Fall bei einer introvertierten Person, die sich nicht vorstellen kann, in einer öffentlichen Rolle glücklich zu sein, aber froh wäre, wenn sie sich ändern könnte. Einschlägig für meine Diskussion ist auch, daß man einem Menschen, den man liebt, nicht wünschen würde, in ärgster Bedrängnis seine Tugend beizeiten aufzugeben. Das zeigt, wie unangemessen eine »Tugendethik« ist, die viel daraus macht, daß *der Tugendhafte nicht imstande sei,* auf einen Schlag eine tiefsitzende Verhaltensdisposition zu ändern.

seiner *Nikomachischen Ethik* die *eudaimonia* als eine der Tugend gemäße Tätigkeit einführte. Aristoteles betonte zwar, das Leben von jemandem, der als *eudaimon* angesehen werden kann, verlange günstige äußere Umstände. Niemand könne zum Beispiel Priamos *eudaimon* nennen – angesichts der großen Schicksalsschläge, die er mit der Plünderung seiner Stadt und dem Verlust seiner Söhne erlitt. Trotzdem ist tugendgemäße Tätigkeit (wie auch immer die Tugenden später bestimmt werden) der Kern des Begriffs der *eudaimonia*, den Aristoteles in Buch I der *Nikomachischen Ethik* einführt.

Die Schlußfolgerung dieses Kapitels ist, daß *Glück* ein wandelbarer Begriff ist, der jetzt auf die eine und dann auf eine andere Weise auftritt. Es war völlig in Ordnung, daß der Arzt von seinem Patienten sagte, er sei »vollkommen glücklich damit, den ganzen Tag Blätter aufzusammeln«. Und auch in der Rede von dem Bösen, der gedeiht wie ein Lorbeer,* muß man eine traurige Wahrheit anerkennen. Es gibt aber eine dritte Interpretation des Wortes »Glück«: So müssen wir »Glück« verstehen, wenn einer sagen würde, er opfere nicht sein Glück, wenn er um der Gerechtigkeit willen sein Leben opfert; ein glückliches Leben habe sich für ihn vielmehr als unmöglich herausgestellt. Wir können diese Interpretation des Begriffs nicht ignorieren, wenn wir Glück mit dem Wohl des Menschen gleichsetzen.

Meine Auffassung würde ich in der zeitgenössischen Diskussion des Glücks und seines Verhältnisses zur Tugend wie folgt verorten: Ich stimme mit John McDowell überein, daß wir ein Verständnis des Wortes »Glück« haben, das Aristoteles' *eudaimonia* nahekommt, insofern tugendgemäße Betätigung zu seiner Bedeutung gehört.[21] In meinen eigenen Worten wird »Glück« hier verstanden als *die Freude* am Guten, d. h. als die Freude, die man erlebt, wenn man die richtigen Ziele erreicht bzw. verfolgt. Ich akzeptiere jedoch nicht McDowells scheinbare *Gleichsetzung* von Glück und tugendhaftem Leben bzw. seine Idee, ein Verlust,

* Vgl. Psalm 37,35: »Ich sah einen Gottlosen, der pochte auf Gewalt und machte sich breit und grünte wie eine Zeder.«

21 Vgl. im besonderen McDowell, J., »The Role of *Eudaimonia* in Aristotle's Ethics« [»Die Rolle der *eudaimonia* in der Aristotelischen Ethik«] und »Eudaimonism and Realism in Aristotle's Ethics«.

den man infolge einer aus Tugend notwendigen Handlung erleidet, sei »überhaupt kein Verlust«. McDowell scheint mir zu wenig Platz für die echte Tragik einzuräumen, die in einer moralischen Entscheidung liegen kann. Ich selbst würde eher sagen: Es gibt tatsächlich ein Glück, das nur der gute Mensch erreichen kann, aber durch einen der schlimmen Zufälle des Lebens kann dieses Glück außerhalb der Reichweite auch der besten Menschen liegen.

Wenn ich McDowell in diesem Sinne widerspreche, so schließe ich mich David Wiggins' Kritik dessen an, was er den »Rigorismus« McDowells genannt hat. Außerdem will ich die Aufmerksamkeit auf Wiggins' lobenswertes Anliegen lenken, Humes Theorie der menschlichen Gefühle an diesem Punkt in die Debatte einzuführen. Ein guter Mensch muß nämlich nicht nur *einsehen*, daß sein Wohl mit der Qualität des Wünschens und Handelns verbunden ist, sondern er muß es auch *fühlen*: Das Gute muß ihn froh, stolz und selbstbewußt machen.[22]

22 Vgl. Wiggins, D., »Eudaimonism und Realism in Aristotle's Ethics: A Reply to John McDowell«.

7. Immoralismus

Der Immoralismus ist heute ein etwas vernachlässigtes Thema: Man kann die Register von Dutzenden zeitgenössischer Arbeiten durchgehen, ohne einen einzigen Eintrag unter diesem Stichwort zu finden. Viele zeitgenössische Moralphilosophen scheinen mit Prichard einer Meinung zu sein: Platon sei dafür zu tadeln, daß er sich der Herausforderung von Immoralisten wie Thrasymachos und Kallikles (im *Staat* und im *Gorgias*) stellte und zu zeigen versuchte, daß ein gerechter Mensch glücklicher als ein ungerechter sei.[1] Und obwohl Nietzsches Werk heute viele analytische Philosophen interessiert, findet man wenige, die wirklich versuchen, ihm die Stirn zu bieten. Mir scheint das ein Fehler zu sein – auch deshalb, weil schon die Idee des Immoralismus so schwer zu verstehen ist. Nietzsche sagte, er greife die Prämissen der Moral an. Hat also die Moral Prämissen? Welche könnten das sein? Ich will das Thema Immoralismus im Lichte der Theorie der moralischen Bewertung behandeln, die ich in den bisherigen Kapiteln dieses Buches vorgestellt habe.

Im *Staat* wird der Fall des Immoralisten vom Sophisten Thrasymachos und von den Brüdern Glaukon und Adeimantos (als *advocati diaboli*) vertreten. Letztere sind unzufrieden mit der Art und Weise, wie Sokrates Thrasymachos in Buch I widerlegt.[2] Thrasymachos hat gesagt, Gerechtigkeit (d.h. die gerechten Handlungen gerechter Menschen) diene den Interessen der Stärkeren. Dabei setzt er die Stärkeren zunächst mit Gesetzgebern gleich, die Gesetze zu ihrem eigenen Vorteil erlassen, später dann mit starken, rücksichtslosen Individuen, die ehrliche Menschen bei Verträgen u.ä. übervorteilen und »welche nicht im kleinen sich fremdes Gut mit List und Gewalt zueignen, heiliges und unheiliges, Gemeingut und Eigentum, sondern gleich insgesamt alles«.[3] Diese Starken wären so mächtig, daß sie der Bestrafung entgehen. Sie profitierten von dem Schaden, den sich die Ge-

1 Prichard, H. A., »Duty and Interest«.

2 *Der Staat*, Bücher I und II, 336b-367e.

3 A. a. O., 344a.

rechten selbst zufügten, deren Gehorsam nicht Tugend, sondern naive Gutmütigkeit wäre. Das Leben der Ungerechten wäre daher dem der Gerechten überlegen. Die Starken, die Ungerechtigkeit praktizierten, würden einer guten Taktik (*euboulia*) folgen und wären weise und gut (*phronimoi* und *agathoi*). Es wäre also falsch, Gerechtigkeit über Ungerechtigkeit zu stellen.

Sokrates führte das Gespräch so, daß sich Thrasymachos immer mehr verstrickte. Glaukon und Adeimantos aber blieben unzufrieden zurück: Sie waren der Auffassung, Sokrates hätte die gewichtigsten Argumente zugunsten der Ungerechtigkeit nicht widerlegt. Und sie waren bereit, diese Argumente im Namen des Sophisten vorzubringen. Sie wollten in ihrer Auffassung bestärkt werden, das Leben des Gerechten sei besser als das des Ungerechten. Glaukon argumentiert daher in der Rolle des Immoralisten folgendermaßen: Die meisten Leute halten Ungerechtigkeit *als solche* für besser als Gerechtigkeit; sie loben diese nur, weil die Gesellschaft Gerechtigkeit belohnt. Zwar ist Gerechtigkeit besser für Leute, die mit ungerechtem Verhalten nicht davonkommen, das beste Leben von allen ist aber das Leben des starken, ungerechten Mannes. Wer Gerechtigkeit lobt und selbst praktiziert, tut das nur, weil er Ungerechtigkeit fürchtet. Unfähig, das beste Leben zu führen, wählt er das zweitbeste, das darin besteht, weder Ungerechtigkeit zu erleiden noch ungerecht zu sein. Die Gerechten praktizieren ihre Gerechtigkeit nur mit Widerwillen und aufgrund ihrer Unfähigkeit, ungerecht zu sein. Ein Beleg: Niemand von diesen Leuten würde gerecht handeln, wenn er durch den Ring des Gyges unverwundbar wäre. Wenn sich einer unsichtbar machen könnte und trotzdem nicht plünderte, würde man ihn nicht bewundern, sondern als den »Allerunverständigsten« schelten.

Glaukon fordert Sokrates auf zu zeigen, daß Gerechtigkeit besser ist als Ungerechtigkeit – und zwar Gerechtigkeit an sich, wie sie in der Seele existiert, ganz abgesehen von irgendwelchen Sanktionen. Die sollen für das Argument, so seine Forderung, unbeachtet bleiben. Im Argument werden das Leben eines gerechten Menschen, der den Ruf eines ungerechten hat, und das Leben eines Ungerechten, der den Ruf eines Gerechten genießt, einander gegenübergestellt. Glaukon selbst glaubt, daß Gerechtigkeit zu jenem Guten zählt, das man sowohl um seiner selbst als auch um seiner Folgen willen anstrebt. Von Sokrates erwartet er eine Bestätigung seiner Ansicht, daß man Gerechtigkeit mit Denken, Sehvermögen und Gesundheit vergleichen kann, nicht aber mit so etwas wie gymnastischen Übungen und medizinischen Behandlungen, die nur im Ergebnis vorteilhaft, an sich aber unangenehm sind. Auch Adeimantos drängt auf eine Antwort. Er verlangt von Sokrates den Nachweis, daß Ungerechtigkeit das größte Übel in der Seele des Ungerechten und daß Gerechtigkeit das größte Gut ist. Wäre dem nicht so, sagt er, dann bestünde die beste Strategie darin, ungerecht zu sein und sich nicht entdecken zu lassen. Menschen sollten dann nicht Gerechtigkeit, sondern den Anschein von Gerechtigkeit anstreben.

Das also sind die Elemente der immoralistischen Position, wie sie in den Büchern I und II des *Staates* vorgetragen wird. Sokrates griff den Immoralismus an, wobei er das Ersuchen von Glaukon und Adeimantos akzeptierte: zu zeigen, was Gerechtigkeit in der Seele ist – daß sie Gesundheit und nicht Unordnung der Seele ist. Sokrates bestritt, daß Glück im Besitz von Reichtum und Macht liegt oder in einem anderen der Vorteile, die Thrasymachos aufzählte. Er behauptete statt dessen, Glück sei die Harmonie der Seele.

Für die These dieses Buches ist es nicht erforderlich, die Argumente zu analysieren, die in den übrigen Kapiteln des *Staates* entwickelt werden. Meinem Vorhaben entspricht eher die Frage, welche Antwort wir selbst auf den Immoralismus, den Platon vor Augen hat, geben möchten. Zunächst aber sollten wir fragen, was überhaupt darunter zu verstehen ist: Gerechtigkeit *an sich* zu betrachten – *wie sie in der Seele ist*. Was ist hier innen und was außen?

Man kann diese Frage leicht so stellen, daß sie nichts als Verwirrung stiftet. Statt dessen sollen uns ein paar Analogien helfen. Nehmen wir zum Beispiel an, wir denken über Freundschaft unter Menschen nach, und zwar zunächst so, wie sie für irgendwelche, nicht besonders intelligente Besucher vom Mars aussehen könnte. Diese hätten, so nehmen wir an, das Phänomen der Freundschaft hier auf der Erde studiert, ohne sich mit uns unterhalten oder unsere Literatur und Philosophie lesen zu können.

Sie berichten, daß bestimmte Menschen mit bestimmten anderen dadurch verbunden sind, daß sie so etwas wie Dienstleistungen erbringen, die, wenn man von ihrer Wechselseitigkeit absieht, nicht bezahlt werden. Die stille Übereinkunft scheint zu sein: Wenn die Menschen A und B Freunde sind, können sie in schwierigen Situationen aufeinander zurückgreifen, und sie können Geschenke austauschen. Sowohl die Dienstleistungen als auch die Geschenke können für den, der sie erbringt bzw. macht, eine beachtliche Belastung darstellen. Er leistet sie anscheinend deshalb, weil jeder Freunde *braucht* – vielleicht mit Ausnahme der wenigen, die besonders reich und mächtig sind. Der normale, bedürftige Mensch wäre gern wie diese wenigen, aber aus Furcht davor, keinen Freund zu haben, entscheidet er sich für das Zweitbeste: einen Freund zu haben und im Bedarfsfall auf diesen zurückgreifen zu können. Da ihm die Institution der Freundschaft nützt, lobt er sie.

Diese Marsbewohner würden die Freundschaft ganz ähnlich auffassen wie Platons Immoralisten die Gerechtigkeit. Die Marsbewohner glauben, als Freund zu handeln sei an sich ebenso unangenehm wie Gymnastik oder medizinische Behandlung. Um der Vorteile willen aber sei es für die Mehrzahl der Menschen der Mühe wert. Wäre es möglich, die mit Freundschaft verbundenen Vorteile auch zu erhalten, wenn man nur den Ruf hätte, ein Freund zu sein, die Pflichten eines Freundes aber nicht wirklich akzeptierte, dann würde jeder Mensch genau das anstreben. Die Pointe meiner Analogie ist natürlich, daß diese Marsbewohner *nicht verstünden*, was Freundschaft im menschlichen Leben wirklich bedeutet. Würden wir diesen Punkt weiter entfalten und beschreiben, was die Marsbewohner falsch aufgefaßt hätten, so würden wir feststellen: Ohne irgendeine philosophische Absicht hätten wir beschrieben, was Freundschaft *im Geist* und im Herzen des Menschen ist. Was Freundschaft von einem Freund zu tun verlangt, kann tatsächlich schwer sein – Freundschaft kann sogar den Einsatz des Lebens für den Freund verlangen. Doch man tut, was man aus Freundschaft tut, fröhlich, *con amore* – vielleicht mit einem Bedauern, auf jeden Fall aber ohne Verbitterung darüber, wie die Lage nun einmal ist. Wir wissen selbst ganz genau, daß das beste Leben nicht darin besteht, mit

Erfolg Freundschaft vorzutäuschen und Freunde zu haben, auf die man bauen kann, ohne selbst ein Freund zu sein. Eine thrasymachische Auffassung von Freundschaft würden wir sofort als falsch erkennen.

Und Freundschaft ist kein Einzelfall. Eine weitere Analogie kann man im Hinblick auf die Beziehung von Eltern zu ihren Kindern aufstellen. Intellektuell minderbemittelte Marsbewohner könnten auch hier denken, daß Eltern es nur lohnend finden, sich um ihre Kinder zu sorgen, weil Kinder bei der Ernte helfen und im Alter für einen da sind. An diesem Beispiel kann man noch einmal sehen, was es mit dem besonderen Begriff des *eigenen Wohls* auf sich hat, der in der Diskussion unserer Briefeschreiber im letzten Kapitel *auftauchte*.[4] Liebevolle Eltern wären vermutlich verwundert, wenn man ihnen, wo das Wohl der Kinder auf dem Spiel steht, sagte, sie sollten nur ihr eigenes Wohl berücksichtigen. Natürlich kann man Vorteile für die eine oder die andere Seite gegeneinander abwägen, zum Beispiel ein interessanter Beruf für die Mutter oder den Vater in einem Land, bessere Schulbildung für die Kinder in einem anderen. Doch werden liebevolle Eltern *das eigene Wohl* (in einem bestimmten Sinne) nicht wirklich von dem der Kinder trennen. Das liegt, so denke ich, nicht einfach daran, daß das eine das andere beeinflussen kann. Joseph Conrad erzählt die Geschichte von einem Kapitän, der mit Bedauern, aber glücklich sein Boot (um das sich bis dahin sein Leben gedreht hat) verkaufte, um seiner weit entfernten, erwachsenen Tochter Geld schicken zu können. Die Kritiker mögen Conrads Geschichte für ziemlich sentimental halten, trotzdem klingt sie wahr.[5] Wenn der Kapitän sich mehr um seine Tochter als um seine eigene Zukunft sorgte, dann konnte er in einem bestimmten Sinne nicht sein Wohl dem Wohl seiner Tochter entgegensetzen.

Natürlich kann man bezweifeln, daß solche Analogien wirklich verstehen helfen, was Gerechtigkeit »in der Seele« ist. Schließlich können wir uns nur schwer vorstellen, daß Menschen *aus Liebe* Schulden bezahlen, Versprechen halten und das Eigentum

4 Vgl. S. 126ff.

5 Conrad, J., *The End of the Tether.* [*Das Ende vom Lied.*]

anderer nicht entwenden! So ist es natürlich nicht. Selbst Hume, welcher der Sympathie eine außerordentliche Rolle im moralischen Leben zuwies, mußte einräumen, daß bestimmte Fälle Schwierigkeiten machen – zum Beispiel die Rückzahlung einer Schuld an einen lasterhaften Kreditgeber. Daß Moralphilosophen heute nicht nur über Handlungen, sondern auch über Tugenden nachdenken, ist trotz der erwähnten Schwierigkeit ein Vorteil des neuerlichen Interesses an der Tugendethik. Aristoteles sah nämlich etwas Wichtiges, als er unterschied zwischen »tun, *was* der Gerechte tut«, und »etwas tun, *wie* es der Gerechte tut«.[6] Er betonte damit in erster Linie die Unverrückbarkeit des Prinzips echter Gerechtigkeit. Wir können seine Unterscheidung aber auch ausbuchstabieren, wenn wir an die zugrundeliegenden Gedanken, Gefühle und Einstellungen einer Person denken, die anerkennt, daß jeder Mensch Anspruch auf eine bestimmte Art von Achtung hat. Hier genügt vielleicht der Hinweis, daß man sinnvoll von Menschen sprechen kann, die Gerechtigkeit (oder Wahrheit) lieben.

Kompliziert aber wird es, wenn wir die Jahrhunderte überspringen und uns dem größten aller Immoralisten stellen: Nietzsche. Wenige zeitgenössische Moralphilosophen (zumindest in der analytischen Tradition) sind wirklich mit Nietzsche in den Kampf um die Moral eingetreten. Im großen und ganzen halten wir moralische Urteile nach wie vor für selbstverständlich, als ob überhaupt nichts passiert wäre. Wir, die philosophischen Wachhunde, haben zum größten Teil versagt: Wir haben nicht gebellt. Das aber ist in Anbetracht von Nietzsches Genie und seiner Stellung in der Geistesgeschichte ziemlich befremdlich. Auch wenn man Hitler nicht in dem Maße als Verkörperung von Nietzsches Werten ansehen kann, wie das J. P. Stern getan hat,[7] und Nietzsche sich manchmal gegen den Antisemitismus ausgesprochen hat, war es den Nazis immerhin möglich, sich bei der Verteidigung ihres Völkermordes auf Nietzsche zu berufen. Das allein sollte uns aufwecken.

6 Aristoteles, *EN* II 3, 1105a26-b9.

7 Im Zusammenhang mit Nietzsches Glauben an den unbedingten Wert der Selbstverwirklichung und Selbstwerdung schreibt er: »Kein Mensch kam

Ich will Nietzsche angreifen. Aber das ist einfacher gesagt als getan, schon deshalb, weil der Kampfplatz kaum auszumachen ist. Nietzsche nannte sich selbst einen Immoralisten und sagte, er greife die Moral als solche an. Er ist in seinen Selbstzuschreibungen jedoch nicht konsistent, und viele Interpreten haben bestritten, daß er wirklich ein Immoralist war. Das Wort spielt keine Rolle. Doch muß man, wie ich denke, wenn man Nietzsche die Stirn bieten will, mindestens drei verschiedene Thesen auseinanderhalten, die unter der Überschrift »Immoralismus« auftreten könnten.

Da ist zunächst Nietzsches Behauptung, der freie Wille sei bloß eine Illusion. In jüngster Vergangenheit wurde entschieden dafür argumentiert, diese Auffassung von moralischer Verantwortlichkeit sei zentral für Nietzsches Immoralismus. Sie erkläre die Reichweite seines Angriffs auf die Moral, der sich nicht nur gegen die »Mitleids-Moral« richtet, sondern auch gegen die »Moral als solche«.[8] Ich halte das für richtig, will aber dennoch Nietzsches Angriff auf den freien Willen beiseite lassen. Denn der richtete sich gegen die Vorstellung einer reinen Substanz, die außerhalb der Natur steht, aber dennoch eingreift und Handlungen in der Welt verursacht. Vielleicht dachte Nietzsche an so etwas wie Kants noumenales Selbst. Auf jeden Fall war er Kant und Schopenhauer ganz und gar feindlich gesonnen, gerade was deren Vorstellung anging, es gebe hinter der Erscheinungswelt eine wirklichere Welt. Die Leugnung des freien Willens war tatsächlich ein tragender Pfeiler von Nietzsches Angriff auf zumindest eine Art von Moral. Eine derartige Metaphysik des Selbst erachtete er nämlich als notwendig für die Vorstellung moralischer Verantwortlichkeit und für die Moral der Vergeltung [*morality of desert*]. Diese Metaphysik hinwegzufegen würde bedeuten, die Art des Urteilens – insbesondere die Schuldzuweisung – zu zerstören, die Nietzsche für das Wesen der Moral und für die Offenbarung einer verachtenswerten Vergeltungsliebe hielt. Die Vorstellung der Bestrafung war Nietzsche zuwider. Er

der vollen Verwirklichung selbstgeschaffener Werte näher als A. Hitler«: Stern, J., *Friedrich Nietzsche*, S. 86.

8 Vgl. Clark, M., »Nietzsche's Immoralism and the Concept of Morality«, in: Schacht, R. (Hg.), *Nietzsche, Genealogy, Morality*, S. 15-34.

sagte (sicherlich zu Recht), wir sollten jedem mißtrauen, der einen mächtigen Trieb zu strafen hat.[9]

Warum will ich dann seine Leugnung des freien Willens beiseite lassen? Weil Nietzsche, um wirklich die »Moral als solche« zu bedrohen, nicht nur gezeigt haben müßte, daß der freie Wille, so wie er ihn verstand, eine Illusion ist, sondern auch, daß sich keine *andere* Unterscheidung von freiwilliger und unfreiwilliger Handlung (etwa die von Aristoteles) als tauglich erweisen könnte. Hier liegt er wohl falsch. Und vielleicht ist auch seine Annahme falsch, daß die moralische Bewertung des freiwilligen Handelns und des Charakters verlangt, Verantwortlichkeit auf die Weise zuzuschreiben, die er als der Moral eigentümlich erachtet und wesentlich unfair nennt. Bernard Williams sagt mit Blick auf Nietzsche:

> Der Hinweis darauf, daß man in anderen Kulturen andere Vorstellungen von Handlung hatte und daß der Begriff der Handlung selbst nicht gerade klar ist, kann helfen zu erkennen, daß die Integrität der Handlung, die spezifische Präsenz des Subjekts in ihr, ohne diese Vorstellung des Willens bewahrt werden kann.[10]

Wenn das stimmt, ist Nietzsches Metaphysik der Seele nicht vorrangig für jemanden wie mich, der glaubt, wir sollten die Bedrohung durch seinen Immoralismus ernst nehmen, und der fragen will, wie wir dieser begegnen können.

Aus diesem Grund werde ich mich nun einem anderen Strang in Nietzsches Immoralismus zuwenden, dem Angriff auf die spezifisch christliche Moral, der besonders in seinen früheren Schriften eine große Rolle spielt – zum Beispiel in *Menschliches, Allzumenschliches*. Hier war Nietzsches Zielscheibe, wenn er sich selbst einen Immoralisten nannte oder die Moral angriff, in erster Linie die von ihm so genannte »Mitleids-Moral«. Das heißt, seine Zielscheibe war die christliche Lehre, die er insbesondere mit »Herdenmoral« gleichsetzte – mit der Moral »der Schwa-

9 Er dachte auch, daß viele Verbrecher einfach starke Männer waren, die durch gesellschaftlichen Haß zerstört wurden: »Streifzüge eines Unzeitgemäßen«, in: *Götzendämmerung*, Abschn. 45.

10 Williams, B., »Nietzsche's Minimalist Moral Psychology«, in: Schacht, R. (Hg.), *Nietzsche, Genealogy, Morality*, S. 246.

chen und der Minderwertigen«, die insgeheim grausam und voller Ressentiment seien und »Gutes« nur täten, um den Empfänger zu erniedrigen und das eigene Selbstwertgefühl aufzubessern.[11]

All das muß man ernst nehmen, weil Nietzsche, fast ebenso berechtigt wie Freud (der Nietzsche sehr bewunderte), den Anspruch erheben kann, der Begründer der Tiefenpsychologie zu sein. In dieser Eigenschaft stellt er Beobachtungen an, die man unmöglich von der Hand weisen kann. Nietzsche erkannte nur Dostojewski als ihm überlegen an und behauptete, er selbst sei auf diesem Gebiet ein innovatives Genie. Und tatsächlich haben Nietzsches psychologische Einsichten ihm zu Recht viele Bewunderer eingetragen. Er sah, wie häufig Bekundungen von Altruismus unaufrichtig sind und wieviel Eitelkeit und Böswilligkeit hinter vielen unserer alltäglichen Nettigkeiten lauern. Aber natürlich geht er viel weiter. Er sagt, wir erwiesen anderen Gefälligkeiten, damit sie gut von uns denken, und daß wir diese gute Meinung dann zurückkaufen, um unseren Selbsthaß zu stillen. Wir lindern unsere Langeweile mit Geschichten von anderer Leute Mißgeschick. Wir peinigen andere, indem wir unsere Tugenden zur Schau stellen. Dabei sind wir vor allem deshalb von Ressentiment durchdrungen, weil wir uns der Kontrolle der Moral nicht entziehen können.

In diesem Punkt ist Nietzsches Immoralismus dem von Thrasymachos und Platons anderem Immoralisten Kallikles (im *Gorgias*) ähnlich: Charaktere, von denen man annimmt, sie seien gut und bewundernswert, werden als schwach, befangen und insofern als Gegenstände der Verachtung dargestellt. Und Nietzsches Angriff wäre, wenn man ihn halten könnte, tödlicher als der Angriff der beiden anderen, weil er auf subtilere Weise genau davon spricht, was gerechte und barmherzige Handlungen *in der Seele sind*. Nietzsche betritt also genau das Terrain, auf dem Platon seine Verteidigung gegen Thrasymachos führte. Er stellt den moralischen Menschen als eine jämmerliche, ängstliche Kreatur

11 Für eine umfangreichere Beschreibung der Doktrin Nietzsches vgl. Foot, P., »Nietzsche: The Revaluation of Values«, in: Solomon, R. (Hg.), *Nietzsche,* S. 156-168, und »Nietzsche's Immoralism«, in: Schacht, R. (Hg.), *Nietzsche, Genealogy, Morality,* S. 3-14.

dar, die von einem beißenden Gewissen gequält wird und unfähig ist, auf ihr eigenes Wohl zu achten. Die Mitleids-Moral, die nicht einmal anderen hilft, ist vor allem schädlich für den sittlichen Menschen selbst. Wie Kallikles meint Nietzsche, Menschen würden durch die Moral gezähmt und dadurch wie gezähmte Tiere herabgesetzt.[12] Er beschreibt das Wohl des Menschen als Individualität, Spontaneität, Kühnheit und eine Art von Kreativität, mit der die Vorstellung einer Regelung des Lebens, die auch für andere gültig wäre, unvereinbar ist. Im Gegensatz dazu sind die Mitglieder der »Herde« angepaßte, schmeichlerische, unterwürfige, »hündische« Kreaturen. Sie geben sich mit einer banalen Art des Glücks zufrieden. »Man hat sein Lüstchen für den Tag und sein Lüstchen für die Nacht; aber man ehrt die Gesundheit.«[13]

Wie sollen wir mit diesen Vorwürfen gegen die christliche Moral umgehen? Wer mit der in diesem Buch entwickelten Auffassung sympathisiert, daß »gut« auch beim menschlichen Handeln eine natürliche Qualität bezeichnet, muß Nietzsches Vorwürfe tatsächlich sehr ernst nehmen. Denn Nietzsche spricht der mutmaßlichen Tugend der Barmherzigkeit gerade *die Verknüpfung mit menschlichem Wohl* ab, *die* (wie oben behauptet) *einem Charakterzug den Status einer Tugend verleiht*. Das Mitleid, das Nietzsche dem Wesen des Christentums zurechnet, erklärt er nachdrücklich für eine Art von Krankheit, die für beide Seiten (für den, der Mitleid empfindet, und für denjenigen, der bemitleidet wird) gleichermaßen schädlich sei. Er behauptet, diese Moral sei »Sklavenmoral«; sie sei aus dem Ressentiment erwachsen, das die Schwachen aufgrund ihrer Minderwertigkeit hegen. Nietzsche charakterisiert das Ressentiment als »vergrämten Dünkel, verhaltenen Neid«.[14] Robert Solomon hat es so ausgedrückt: »Frustration liegt im Herzen des Ressentiments, [...] es

12 Anscheinend wurde Nietzsche von Platons Porträt des Kallikles beeinflußt. Er wird aber keineswegs mit Kallikles einer Meinung gewesen sein, daß »wer richtig leben will, seine Begierden muß so groß werden lassen als möglich [...] und worauf seine Begierde jedesmal geht, sie befriedigen.« Platon, *Gorgias*, 491e5-492a3.

13 Nietzsche, F., *Also sprach Zarathustra*, Zarathustras Prolog, Abschn. 5.

14 A.a.O., Teil II, »Von den Taranteln«.

wird oft in Metaphern [. . .] wie ›glimmen‹, ›schwelen‹ und ›(vor Zorn) rauchen‹ beschrieben.«[15]

Das sind starke Behauptungen. Es versteht sich nämlich von selbst, daß einer, der vom Ressentiment verzehrt wird, ein elendes Leben führt – daß eine so verstandene christliche Moral nicht systematisch mit Glück verknüpft ist, sondern mit Frustration und natürlich mit dem Verlust der Art von Kreativität, Freiheit und Leichtigkeit des Gemüts, die Nietzsche zu Recht als einen großen Teil des menschlichen Wohls ansieht. Beruht aber eine Moral wirklich auf einem Irrtum, wenn sie zum Beispiel mit Hume betont, daß Sympathie zum menschlichen Leben gehört? Muß man das Mitgefühl für die Unglücklichen – manche Menschen lassen ihr ganzes Leben davon bestimmen – tatsächlich als verzerrten Ausdruck eines Minderwertigkeitsgefühls ansehen? Ist Barmherzigkeit wirklich in der Hauptsache Heuchelei? Natürlich kann Barmherzigkeit manchmal geheuchelt sein. Bei den meisten von uns weckt Nietzsche ein schmerzliches Gefühl von Vertrautheit mit seinem teuflischen Blick für verborgene Böswilligkeit, Selbstverherrlichung und den geheimen Wunsch, Zweifel an sich selbst dadurch zu besänftigen, daß man anderen Gutes tut. Das heißt allerdings nicht, es gäbe nicht eine Menge echter Barmherzigkeit – echte Tugend – bei Leuten, die überhaupt nicht in Nietzsches Bild der Herrenmenschen passen, die sich zur christlichen »Herde« auf Distanz halten. Wenn man an die bescheidenen Männer und Frauen denkt, die anscheinend ein besonderes Glück darin finden, sich für die Linderung von Leid einzusetzen, dann muß man sicherlich Nietzsches Geringschätzung des Mitgefühls ziemlich dumm finden.

Was ich gesagt habe, richtet sich jedoch nicht gegen die Einsichten der Tiefenpsychologie, die heute mehr oder weniger für selbstverständlich gehalten werden. Vielleicht können sich die meisten von uns mit dem Gedanken abfinden, daß unsere Motive selten von jeglichem Einschlag der Eitelkeit oder des Egoismus frei sind. Heute können wir vielleicht erkennen, wieviel Böswilligkeit, Eitelkeit und auch Aggression häufig in unser Tun

15 Solomon, R., »One Hundred Years of *Ressentiment*«, in: Schacht, R. (Hg.), *Nietzsche, Genealogy, Morality*, S. 103.

eingehen, ohne deshalb eine immoralistische Schlußfolgerung zu ziehen. Folgende Geschichte wird erzählt: Man fragte einen alten Priester, ob er in den vielen Jahren, in denen er die Beichte gehört hatte, etwas über die Menschen gelernt habe. Zuerst sagte er: »Nein«, dann aber: »Ja, es gibt keine Erwachsenen.« Ist es etwa unvorstellbar, daß wir einerseits annehmen, er hatte recht – angesichts des gierigen und eifersüchtigen Kindes in uns –, und daß wir andererseits trotzdem daran festhalten, daß echte Nächstenliebe existiert? Wenn das möglich ist, dann kann Barmherzigkeit den Kriterien der natürlichen Normativität zufolge als eine Hauptkandidatin für den Tugendstatus gelten. Denn jeder von uns braucht Liebe und andere Formen freundlicher Zuneigung, wenn ihn ein Unglücksschlag trifft. Und Barmherzigkeit wird bei Menschen, die uns bemitleiden, eher eine Stärke denn eine Schwäche sein. Außerdem ist es vernünftig anzunehmen, daß Barmherzigkeit zum Glück dessen beiträgt, der sie hat, was für Hartherzigkeit nicht gilt.

Wir befinden uns nun natürlich in einem Bereich, in dem die Stimme der Philosophie kein besonderes Gewicht beanspruchen kann: Tatsachen des menschlichen Lebens stehen in Frage, und daher hat kein Philosoph eine besondere Autorität. Wir können aber Nietzsches Angriff auf die »Mitleids-Moral« verwenden, um ein Durcheinander zu entwirren, in dem wir uns verstricken könnten, wenn wir ihm entgegentreten. Wir finden nämlich oft in seinen Schriften den Anspruch, er sei mit der »Umwertung der Werte« beschäftigt, und das ist eine verwirrende Vorstellung. Was könnte es heißen, Werte umzuwerten? Nach welchen Werten sollen Werte umgewertet werden? Und können diese Werte anschließend erneut umgewertet werden?

Wir werden meines Erachtens nicht weiterkommen, wenn wir die Frage nach der Umwertung der Werte abstrakt stellen, ohne sie auf einen bestimmten Kontext zu beziehen.[16] Sehen wir uns hingegen an, *wie* Nietzsche das angreift, was er für die christliche Moral hält, verschwindet das Rätsel. Er sagt, daß etwas für gut

16 Wittgenstein, L., *Philosophische Untersuchungen* I, § 116: »*Wir* führen die Wörter von ihrer metaphysischen wieder auf ihre alltägliche Verwendung zurück.«

Gehaltenes nicht wirklich gut sei: »Man hält Mitleid zwar für gut, es ist aber nicht wirklich gut.« Hier haben wir es mit der Form »X ist gut« zu tun, deren Sinn nicht ohne weiteres klar ist.[17] In Frage steht aber offensichtlich, ob Mitleid eine Disposition ist, die im menschlichen Leben kultiviert oder verhindert werden *sollte* – ob jemand als guter Mensch angesehen werden muß, wenn er Mitgefühl für andere empfindet, oder vielmehr, wie Nietzsche meint, wenn er das Gegenteil empfindet. Nietzsche richtet seine Aufmerksamkeit auf eine Bewertung von Einstellungen und Gefühlen, die er in der christlichen Moral vorfindet. Er bestreitet die Aussage »Mitleid ist eine gute Disposition gegenüber anderen« und greift so ein Urteil an, von dem ich sagte, es betreffe die natürliche Qualität bei der Spezies Mensch.

Wie sollen wir so einen Angriff verstehen? Um Nietzsches Herausforderung in den richtigen begrifflichen Rahmen zu stellen, wird man sein Urteil über das Mitleid am besten mit der Bewertung eines Merkmals einer Tierspezies vergleichen, zum Beispiel mit dem Tanz der Honigbienen. Der Tanz einer heimkehrenden Biene führt andere Bienen zur Nektarquelle und leistet so einen Beitrag zum Leben des Bienenschwarms. Nehmen wir an, man stellte diese Annahme eines Tages in Frage. Nehmen wir ferner an, es treffe tatsächlich gar nicht zu, daß andere Bienen Nektar finden, wenn sie auf die Bewegungen eines zum Stock heimkehrenden Individuums reagieren. In diesem Fall hätte das Tanzen einer Biene keinen Wert. Es wäre kein »natürlicher Defekt« bei einer Biene, wenn sie nicht tanzen würde – es sei denn, der Tanz würde eine Rolle im Leben der Tänzerin selbst spielen bzw. er müßte von der Heimkehrerin wegen ihres eigenen Wohlergehens aufgeführt werden.

Mit diesem Beispiel habe ich ein Verfahren skizziert, das zur Umwertung einer Bewertung führen könnte. Das Verfahren ist prinzipiell kein anderes, wenn es um die Bewertung menschlicher Eigenschaften und Vollzüge geht. Man hätte ja meinen können, es sei gut für Menschen, so dick wie möglich zu sein, be-

17 Vgl. meine Einwände gegen G.E. Moore in der Einleitung zu diesem Buch.

vor man den Zusammenhang von Korpulenz und gesundheitlicher Beeinträchtigung zur Kenntnis nahm. Und vielen von uns ist innerhalb ihrer Lebensspanne klargeworden, daß einst vorhandene moralische Überzeugungen zu verschiedenen sexuellen Praktiken falsch sind. Wir haben zum Beispiel überkommene Auffassungen zum verhängnisvollen Einfluß von Masturbation oder Homosexualität umgewertet und so frühere Bewertungen revidiert. Wenn wir das als ein Beispiel der Umwertung von Werten ansehen, können wir Nietzsches Angriff auf christliche Werte mehr oder weniger in seinen eigenen Begriffen analysieren. Er fragte, ob Mitleid für beide Seiten gut sei, und das war die richtige Frage. Seine Behandlung des Themas war sicherlich ganz und gar mit überflüssiger Verachtung für die Art von Menschen vermischt, die er als minderwertig ansah, und mit einigen ziemlich seltsamen Vorstellungen über das Ressentiment und die verborgene Böswilligkeit von Leuten, die herkömmliche moralische Grenzen akzeptieren. Ich habe zu bedenken gegeben, daß Nietzsche sich ein falsches Bild von den Tatsachen macht. Wäre sein Bild aber richtig, so würde auch seine Umwertung des Mitleids stimmen. Ich nehme an, Nietzsche hat bis zu einem bestimmten Maß tatsächlich recht, sofern man in Rechnung stellt, was genau wir »Mitleid« nennen. Denken wir doch daran, daß niemand wirklich gerne bemitleidet wird. Was wir Mitgefühl nennen, ist schon eher respektvoll und gut.[18]

So viel also zu Nietzsches Angriff auf die von ihm so etikettierte »Mitleids-Moral«. Das Thema setzt sich in allen seinen Schriften fort, doch mit der Zeit bewegt er sich auf eine andere und unheimlichere Auffassung zu. Die führt Nietzsche so weit, daß er die »intrinsische« Schlechtigkeit bestimmter Handlungsweisen bestreitet. In *Zur Genealogie der Moral* (1887 veröffentlicht) schreibt er:

> *An sich* von Recht und Unrecht reden entbehrt alles Sinns; *an sich* kann natürlich ein Verletzen, Vergewaltigen, Ausbeuten, Vernichten nichts ›Unrechtes‹ sein, insofern das Leben *essentiell*, nämlich in seinen Grundfunktionen

18 Zur Bedeutung von »Mitleid« bei Nietzsche vgl. Kaufmann, W., *Nietzsche*, S. 363-371, sowie Salaquarda, J., »Nietzsche and the Judaeo-Christian Tradition«, in: *The Cambridge Companion to Nietzsche*, S. 90-118.

verletzend, vergewaltigend, ausbeutend, vernichtend fungiert und gar nicht gedacht werden kann ohne diesen Charakter.[19]

Den Grund, den Nietzsche dafür anführt, daß keine Handlung an sich falsch sein kann, können wir nicht wirklich ernst nehmen, weil er davon abhängt, daß Charakteristika der Pflanzen- und Tierwelt ohne Berechtigung mit *menschlichen Taten* des Verletzens oder Unterdrückens gleichgesetzt werden. Wir müssen nach einem interessanteren und originelleren Argument Ausschau halten, und tatsächlich findet sich eines in einem Teil von Nietzsches psychologischer Theorie, der radikaler und bedrohlicher ist als alles, was ich bislang angesprochen habe. Sein Denken über gutes und schlechtes Handeln wurzelt letztlich in einer Theorie, die wir »psychologischen Individualismus« oder vielleicht »Personalismus« nennen können. Nietzsche hielt eine Taxonomie, die Handlungen danach klassifiziert, *was* getan wird, für grundlegend falsch und behauptete, die wahre Natur einer Handlung resultiere allein aus der *Natur des handelnden Individuums.* (Ich denke, Nietzsche muß eine Klassifikation von Handlungsarten unter Beschreibungen wie »Mord« oder »Unterdrückung« so betrachtet haben, wie Linné frühere Taxonomien von Pflanzen – oder wie ein Wissenschaftler, der damit vertraut ist, Metalle nach ihrer molekularen Struktur zu klassifizieren, die alchimistische Taxonomie.)
Selbstverständlich kann man die Leugnung der wesensmäßigen Schlechtigkeit von Handlungsweisen für nichts anderes halten als die weitverbreitete (meines Erachtens dennoch irrige) Überzeugung, jede Handlungsweise, sei sie auch noch so schrecklich, könne unter Extrembedingungen durch ein drängendes Ziel gerechtfertigt werden.[20] Es geht aber um mehr als das. Nietzsche spricht von Verletzung und Unterdrückung. Er verwendet Beschreibungen, die darauf hinweisen, daß man jene Extrembedingungen nicht als mildernde Umstände geltend machen kann. Auf jeden Fall ist sein eigener Gedanke ein anderer, nämlich: *Was* ge-

19 Nietzsche, F., *Zur Genealogie der Moral*, Zweite Abhandlung, Abschn. 11.
20 Vgl. S. 106-109, 149ff.

tan wird, entscheidet nicht über richtig und falsch, *es sei denn, die Handlung stehe in einem bestimmten Verhältnis zur besonderen Natur der handelnden Person*. Obwohl er bestimmte Menschentypen als grausame Monster oder ungezügeltes Vieh geißelte (ohne sich mit beiden näher zu beschäftigen), sprach er daher mit Nachsicht von den »Vornehmen« früherer Zeiten, die ihm als »spöttisch« galten, wenn sie Dinge taten wie plündern, morden und vergewaltigen.[21]

Weil Nietzsche so etwas sagte, wollen wir vielleicht behaupten, er sei unzweifelhaft ein Immoralist gewesen. Vielleicht ist aber der Sinn dieses Wortes, wenn es auf Nietzsche angewendet wird, nicht mehr so klar, wie es einmal schien. Denn schließlich akzeptierte Nietzsche so etwas wie moralische Urteile über bestimmte Menschen*typen*. Das tat er hauptsächlich dann, wenn er verächtlich von den bloß Ungezügelten sprach und sie denen gegenüberstellte, welche die vornehme Aufgabe übernahmen, in sich ein Ensemble starker, aber kontrollierter und disziplinierter Leidenschaften auszubilden. Tatsächlich können wir eine Liste von Nietzsche-Tugenden aufstellen, an deren Spitze Tapferkeit und Integrität stehen würden, und auf der anderen Seite eine Liste von Nietzsche-Lastern, zum Beispiel die Böswilligkeit und Unaufrichtigkeit, die er den »Mitgliedern der Herde« zuschrieb. Selbst in diesem Teil seines Werkes griff er allerdings tief verwurzelte moralische Auffassungen an. Denn er wies den »Affekten« der Grausamkeit und Begierde (den dunklen Leidenschaften) eine wesentliche Stellung im menschlichen Leben zu. Er scheint sie als besonders notwendig für die Umwandlung zu einer höheren Form von Menschen gehalten zu haben, die er für möglich hielt – wenn die Leute nur auf ihn hören würden. Das Bild des Baumes, der in die Höhe wächst und im dunklen Erdreich wurzelt, übte in Nietzsches Geist seine Macht aus. Bestimmt hatte er diesen Teil seiner Philosophie im Blick, als er den Haß voraussah, den seine Schriften hervorrufen würden, und auch die Gefährlichkeit jener Gedankenmeere, die er bereist hatte.[22]

21 Nietzsche, F., *Zur Genealogie der Moral*, Erste Abhandlung, Abschn. 11.
22 Vgl. zum Beispiel Nietzsche, F., *Zur Genealogie der Moral*, Vorwort, Abschn. 6.

Man fragt sich, wie Nietzsche zu dieser merkwürdigen Position kam, die er mit einer so leidenschaftlichen intellektuellen Integrität vertrat und mit einer unvergleichlichen Tapferkeit, die ihn nicht einmal vor den gefährlichsten Gedanken zurückschrecken ließ. Ich denke, entscheidend war Nietzsches Vorstellung vom Wohl des Menschen, d.h. seine Antwort auf die Frage: Was macht ein gutes Leben für einen Menschen aus? Um dies zu beschreiben, verwendete Nietzsche Ausdrücke wie »Kreativität«, »Selbstbewußtsein«, »Heiterkeit«, »Kühnheit« usw. Er dachte allerdings, über diese sehr allgemeinen Beschreibungen hinaus könne man nichts sagen. Mit besonderer Verachtung strafte er die Überzeugung, es könne ein Wohl des Menschen geben, das nicht nur mein oder dein Wohl wäre, sondern »Allen gut, Allen bös.«[23] Vielleicht hätte Nietzsche dem Grundmuster zugestimmt, das ich in den vorangegangenen Kapiteln dieses Buches beschrieben habe, denn er ging ja davon aus, daß eine echte Tugend gut für das Individuum sein muß. Worin aber das gute Leben bestehen würde, sobald man es spezifischer bestimmte, müßte jedes Individuum für sich selbst festlegen und somit seine eigenen Werte schaffen, statt irgend jemand anderem Beachtung zu schenken.

Wenn wir uns eingehender mit den Quellen seiner moralischen Taxonomie befassen, entdecken wir eine Abhängigkeit von psychologischen Theorien, die weit über die Beobachtungen hinausgehen, die Nietzsche zum oben beschriebenen Angriff auf die »Mitleids-Moral« führten. In seiner theoretischen Psychologie, auf die er sehr stolz war, behauptete er die Existenz einer fundamentalen Triebkonstellation. Diese sollte den relativ oberflächlichen Elementen zugrunde liegen, auf welche die Psychologen bislang ihr Augenmerk gerichtet hätten. In Wahrheit hatte er, was Triebe angeht, nicht mehr zu bieten als den *Entwurf* einer Tiefenpsychologie – einen Schuldschein, der nur mit der höchst fragwürdigen Behauptung gezeichnet war, daß alle Triebe auf einen Willen zur Macht zurückgeführt werden könnten. Im Vergleich dazu war Freud ein empirischer Wissenschaftler: Schließ-

23 Nietzsche, F., *Also sprach Zarathustra*, Dritter Teil, »Vom Geist der Schwere«.

lich war dieser bereit, sein allumfassendes »Lustprinzip« aufzugeben, als es mit den beobachteten Tatsachen in Widerstreit geriet. Nietzsche jedoch ging in die Philosophen-Falle, d.h., er erfand eine pauschale, größtenteils nicht von der Beobachtung gedeckte Theorie. Es ist üblich, ihn für einen wundervollen Psychologen zu halten; was aber diesen Punkt angeht, so denke ich, war er keiner.

Ich behaupte: Wenn Nietzsche bestritt, daß Handlungsbeschreibungen wie »Verletzung«, »Unterdrückung«, »Vernichtung« usw. notwendig einen Widerspruch zur Tugend der Gerechtigkeit – ungerechtes Handeln – signalisieren, daß also derartige Handlungen als solche moralisch falsch seien, dann gab es dafür keine stimmige psychologische Grundlage. Seine Auffassung ist meines Erachtens völlig verkehrt und zudem gefährlich. Selbstverständlich widerstreitet sie den Prinzipien der natürlichen Normativität, wie sie in diesem Buch erläutert wurden. Denn nichts benötigen Menschen mehr als Schutz vor denen, die ihnen Schaden zufügen oder sie unterdrücken wollen. Sicherlich ist es, besonders in persönlichen Beziehungen, von großer Bedeutung, *wie* jemand ist, und nicht einfach nur, was er tut. Wir haben zugrundeliegende Einstellungen und Wünsche schon als eine wesentliche *Komponente* einer Tugend anerkannt.[24] Angesichts der Schrecken des vergangenen Jahrhunderts aber scheint es mir heute besonders befremdlich, das *Was* des Handelns nicht als noch wichtiger anzusehen. Wir haben gesehen, *welche* schrecklichen Dinge in Sowjetrußland und Nazideutschland, in Chile, Kambodscha und Ruanda getan wurden – wir können nicht anders, als das Entsetzliche *genau dieser Tatsache* zu empfinden. Freilich ist es für uns von praktischer Bedeutung zu wissen, welche Art von Menschen derartige Befehle erlassen kann, wie es Hitler, Stalin, Pol Pot oder Pinochet getan haben. Wir müssen auch um die persönliche Bosheit der Legion von Folterern wissen, die zur Zeit in so vielen Ländern der Welt ihrem abscheulichen Geschäft nachgehen – allein schon deshalb, weil wir uns darüber klar sein sollten, was uns selbst zu solchem Handeln bringen könnte. Indessen müssen wir von all dem nichts wissen,

24 Vgl. S. 71.

um das, *was* getan wurde und immer noch getan wird, als äußerst böse brandmarken zu können. An diesem Punkt scheint Nietzsches Insistieren auf einer »individualistischen Bewertung« einfach absurd – als ob wir tief in die Psychologie eines Mengele oder Eichmann eintauchen müßten, bevor wir ihre Handlungen bewerten könnten. Thomas Mann hatte gewiß recht, als er schon 1947 sagte:

> Wie zeitgebunden, wie theoretisch auch, wie unerfahren mutet uns Nietzsches Romantisierung des Bösen heute an! Wir haben es in seiner ganzen Miserabilität kennengelernt [...].[25]

Natürlich finden viele Nietzsches Individualismus anregend. Seine Position scheint eine Predigt für das Leben zu sein, wie er selbst gern sagte, und daran ist natürlich etwas Gutes. Man macht sich allerdings etwas vor, wenn man seinen Angriff auf die Moral einfach als einen eher erbaulichen Aufruf zu Authentizität und Selbstverwirklichung versteht; das beweist Nietzsches Annahme, keine Handlung sei an sich richtig oder falsch. Wir können fragen, von wem Nietzsche hier sprach. Er sprach von Menschen, nicht von Marsbewohnern oder Engeln, und, da er das Präsens verwendete, von Menschen, so wie sie sind, nicht von Neandertalern oder Menschen, wie sie vielleicht in vielen Millionen Jahren sein werden. Außerdem betreffen die Bewertungen, die er vornimmt, menschliche Qualitäten und Defekte, so daß, wenn die Hauptthese dieses Buches richtig ist, der Maßstab natürlicher Normativität gilt.

Folglich werden wir das wirkliche menschliche Leben berücksichtigen und darüber nachdenken müssen, was Menschen ohne moralische Belehrung zu tun versucht wären. Menschliches Leben wird, anders als das von Tieren, in Entsprechung zu Normen gelebt, die Menschen kennen und die sie als Handlungsmuster anerkennen. Daher müssen wir Kindern beibringen, was sie tun dürfen und was nicht. Und wir können Kindern diese Normen nicht beibringen, indem wir ihnen einfach sagen, sie sollten tapfer und »authentisch« sein, obgleich es wichtig ist, daß wir sie ermuntern, wagemutig zu sein, und ihnen erlauben, ihre wahren

25 Mann, T., *Nietzsches Philosophie im Lichte unserer Erfahrung*, S. 50.

Wünsche zu entdecken. Die Normen, die befolgt werden sollen, müssen zum größten Teil als Verbote von *Handlungen* wie Diebstahl oder Mord formuliert sein. Zu den Aristotelischen Notwendigkeiten des menschlichen Lebens (zu den notwendigen Bedingungen unserer Lebensweise) gehört zum Beispiel, daß ein Fremder, der uns schlafend antrifft, nicht denkt, es sei vollkommen in Ordnung, uns zu töten oder sich die Werkzeuge anzueignen, die wir am nächsten Tag für unsere Arbeit benötigen. Im menschlichen Leben, so wie es ist, wird solches Handeln nicht durch Authentizität und Selbstverwirklichung zu gutem Handeln. Manche im allgemeinen falsche Handlungen werden zwar tatsächlich durch besondere Umstände gerechtfertigt – beim Versprechensbruch etwa kann es so sein; oder sie werden durch eine besondere Rolle gerechtfertigt – Richter oder Eltern beispielsweise dürfen so handeln. Wenn wir das zugeben, geraten wir aber keineswegs in die Nähe von Nietzsches Leugnung der wesensmäßigen Richtigkeit bzw. Falschheit von Handlungsweisen. Seine Auffassung ist meines Erachtens völlig falsch, da sie Leute, die sich selbst für außergewöhnlich halten, zu der Annahme verleitet, wenn *sie* morden und foltern, geschehe kein Unrecht.[26]

Wir müssen Nietzsches Angriff auf die Moral selbstverständlich ernst nehmen. Er behauptete, mit einer Umwertung der Werte beschäftigt zu sein. Und das ist kein unverständliches Unternehmen. Denn im Unterschied zu Mitgliedern anderer Spezies sind Menschen in der Lage, abstrakt zu denken, und können ihre eigene Lebensweise *überdenken*. Wir Menschen haben uns entwickelt, und wir können unsere eigenen Gewohnheiten der Kritik unterziehen. Wir können fragen, ob menschliches Leben nicht besser geführt würde, wenn Nietzsches Lehren gelehrt würden. Dann aber müssen wir darüber nachdenken, *wie* menschliches Leben weitergehen könnte. Nietzsche glaubte, unter seinem Einfluß werde sich ein höherer Menschentyp auf der Erde entwickeln, und er redete, als könne er sich dieses neue Wesen vorstellen: als sehe er die Möglichkeit einer neuen Spezies

26 Den entsprechenden Fall eines Nazis beschreibt Jonathan Glover in seinem sehr interessanten Buch *Humanity*, S. 316-364.

oder Lebensform, die aus der unsrigen hervorgehen könnte. Mein Punkt ist: Nietzsches radikale Umwertung der Werte könnte nur für eine andere Spezies gelten. Sie gilt nicht für uns, wie wir sind oder aller Wahrscheinlichkeit nach jemals sein werden.

Nachwort

Man hat mir die sehr wichtige Frage gestellt, wo bei alldem die Kontroversen über substantielle moralische Fragen blieben. Glaube ich wirklich, eine Methode beschrieben zu haben, nach der man alle Streitfragen entscheiden könne? Die passende Antwort ist, daß in gewisser Hinsicht nichts entschieden, sondern alles so belassen ist, wie es war. Die Theorie des Lasters als eines natürlichen Defekts stellt uns bloß einen Rahmen zur Verfügung, innerhalb dessen meiner Auffassung zufolge die Streitigkeiten stattfinden; mein Ansatz versucht, aufdringliche philosophische Theorien und Verallgemeinerungen loszuwerden, die uns oft aufs Glatteis führen. Die Idee natürlicher Normativität sollte die gute Arbeit nicht stören, die viele Philosophen in jüngster Zeit unter anderem zu Problemen der medizinischen Ethik geleistet haben – zur Unterscheidung von Tun und Lassen etwa oder auch zur Lehre von der Doppelwirkung.

Vielleicht mutmaßen einige, zumindest in einem Gebiet der Philosophie müsse die Auswirkung größer sein. Man könnte meinen, der Vorschlag einer allen Lebewesen gemeinsamen Form der Qualifizierung müsse Implikationen für die Art und Weise haben, wie wir Tiere und auch Pflanzen behandeln sollten. Aber das ist ein völliges Mißverständnis. Die Moralphilosophie hat es mit der begrifflichen Form bestimmter Urteile über Menschen zu tun, die einen großen Bereich menschlichen Tuns abdecken. Gedanken über die Grausamkeit gegenüber Tieren oder die willentliche Zerstörung von nützlichen oder schönen und erfinderischen Lebewesen fallen unter die üblichen Unterscheidungen von Tugend und Laster. Goethe erzählte seinem Sekretär Eckermann von einem Engländer, der eine Voliere besaß und eines Tages durch den wunderbaren Anblick eines toten Vogels so beeindruckt war, daß er sofort die übrigen töten und ausstopfen ließ. Wohl kaum ein Verbrechen! Und trotzdem war mit diesem Mann *etwas nicht in Ordnung*.

Literaturverzeichnis

Adams, R., »Motive Utilitarianism«, *Journal of Philosophy* 73 (1976), S. 467-481.

Anscombe, G. E. M., *Collected Philosophical Papers*, 3 Bde., Minneapolis: University of Minnesota Press, 1981.

– *Intention*, Oxford: Basil Blackwell, 1957. Dt.: *Absicht*, übers., hg. u. eingeführt v. J. M. Connolly u. T. Keutner, Freiburg/München: Alber, 1986.

– »Modern Moral Philosophy«, *Philosophy* 33 (1958), S. 1-19; wieder abgedr. in: Anscombe, *Collected Philosophical Papers*, Bd. 3, S. 26-42. – Dt.: »Moderne Moralphilosophie«, in: Grewendorf, G./Meggle, G. (Hg.), *Seminar: Sprache und Ethik. Zur Entwicklung der Metaethik*, Frankfurt am Main: Suhrkamp, 1974, S. 217-243.

– »On Promising and its Justice«, *Critica* 3, 7/8 (1969), S. 61-83; wieder abgedr. in: Anscombe, *Collected Philosophical Papers*, Bd. 3, S. 10-21.

– »On the Source of the Authority of the State«, *Ratio* 20/1 (1978), S. 1-28; wieder abgedr. in: Anscombe, *Collected Philosophical Papers*, Bd. 3, S. 130-155.

– »Practical Inference«, in: Hursthouse, R. u. a. (Hg.), *Virtues and Reasons* (s. d.), S. 1-34.

– »Rules, Rights, and Promises«, *Midwest Studies in Philosophy* 3 (1978), S. 318-323; wieder abgedr. in: Anscombe, *Collected Philosophical Papers*, Bd. 3, S. 92-103.

– »The Two Kinds of Error in Action«, *Journal of Philosophy* 60/14 (1963), S. 393-401; wieder abgedr. in: Anscombe, *Collected Philosophical Papers*, Bd. 3, S. 3-9.

Aquinas, St Thomas, *Summa Theologica*, übers. v. Fathers of the English Dominican Province, New York: Benziger Brothers, 1947. Lat./dt.: Thomas von Aquin, *Summa theologica: Die deutsche Thomas-Ausgabe*, Salzburg: Pustet, 1933 ff.

Aristotle, *Nicomachean Ethics*, übers. v. H. Rackham, Cambridge/Mass.: Harvard University Press, 1926. Gr./dt.: Aristoteles, *Nikomachische Ethik*, übers. v. O. Gigon, neu hg. v. R. Nickel, Düsseldorf u. a.: Artemis und Winkler, 2001.

Ayer, A. J., *Language, Truth and Logic*, London: Gollancz, 1936. Dt.: *Sprache, Wahrheit und Logik*, Stuttgart: Reclam, 1970.

Bentham, Jeremy, *An Introduction to the Principles of Morals and Legislation*, hg. v. W. Harrison, Oxford: Blackwell, 1960. Dt.: Jeremias Bentham's, des englischen Juristen, Principien der Gesetzgebung, hg. v. E. Dumont, unveränd. reprogr. Nachdr. d. Ausg. Köln 1833, Frankfurt am Main: Sauer und Auvermann, 1966.

Blackburn, S., »Wise Feelings, Apt Reading« (Rez. v. A. Gibbard, *Wise Choices, Apt Feelings*), *Ethics* 102 (1992), S. 342-356.
– *Oxford Dictionary of Philosophy*, Oxford: Oxford University Press, 1994.
Clark, M., »Nietzsche's Immoralism and the Concept of Morality«, in: Schacht, R. (Hg.), *Nietzsche, Genealogy, Morality* (s.d.), S. 15-34.
Conrad, J., *The End of the Tether*, London: J.M. Dent, 1967. Dt.: *Das Ende vom Lied*, Frankfurt am Main: S. Fischer, 1985.
Davidson, D., »How is Weakness of the Will Possible?«, wieder abgedr. in: Davidson, D., *Essays on Actions and Events*, Oxford: Clarendon Press, 1980, S. 21-42. Dt.: »Wie ist Willensschwäche möglich?«, in: Davidson, D., *Handlung und Ereignis*, Frankfurt am Main: Suhrkamp, 1985, S. 43-72.
Dawkins, R., *The Extended Phenotype*, Oxford: Oxford University Press, 1982.
Dostoevsky, Fedor, *The Brothers Karamazov*, übers. v. E. Garnet, London: J.M. Dent, 1927. Dt.: Dostojewski, F.M., *Die Brüder Karamasoff*, aus dem Russ. übertr. v. E. K. Rahsin, München/Zürich: Piper, 1999.
– *Notes from the Underground*, in: *Three Short Novels of Dostoevsky*, übers. v. C. Garnet, New York: Doubleday, 1960. Dt.: Dostojewski, F. M., *Aufzeichnungen aus dem Untergrund*, in: ders., *Der Spieler: Späte Romane und Novellen*, übertr. u. Nachw. v. E. K. Rahsin, München: Piper, 1977.
Dworkin, R., »Report from Hell«, *New York Review of Books*, 17 July 1986.
Eliot, G., *Middlemarch*, Oxford: Oxford University Press, 1947. Dt.: *Middlemarch: Eine Studie über das Leben in der Provinz*, Stuttgart: Reclam, 1985.
Foot, P., »Does Moral Subjectivism Rest on a Mistake?«, *Oxford Journal of Legal Studies* 15/1 (1995), S. 1-14; wieder abgedr. in: Teichman, R. (Hg.), *Logic, Cause and Action* (Royal Institute of Philosophy Supp. 46), Cambridge: Cambridge University Press, 2000, S. 107-123. Dt.: »Beruht der moralische Subjektivismus auf einem Irrtum?«, in: Foot, P., *Die Wirklichkeit des Guten: Moralphilosophische Aufsätze*, hg. u. eingel. v. U. Wolf u. A. Leist, Frankfurt am Main: Fischer, 1997, S. 226-249.
– »Goodness and Choice«, *Proceedings of the Aristotelian Society* Supp. Vol. 35 (1961), S. 45-60; wieder abgedr. in: Foot, *Virtues and Vices*, S. 132-147. Dt.: »Gutsein und Wählen«, in: *Die Wirklichkeit des Guten*, S. 71-88.
– »Moral Beliefs«, *Proceedings of the Aristotelian Society* 59 (1958/59), S. 83-104; wieder abgedr. in: Foot, *Virtues and Vices*, S. 110-131. Dt.: »Moralische Überzeugungen«, in: *Die Wirklichkeit des Guten*, S. 47-70.
– »Moral Dilemmas Revisited«, in: Sinnott-Armstrong, W. u. a. (Hg.), *Modality, Morality and Belief: Essays in Honour of Ruth Marcus*, Cambridge: Cambridge University Press, 1995, S. 117-128. Dt.: »Moralische Dilem-

mata in neuer Betrachtung«, in: *Die Wirklichkeit des Guten: Moralphilosophische Aufsätze*, S. 197-213.
- »Morality as a System of Hypothetical Imperatives«, *Philosophical Review* 81/3 (1972), S. 305-316; wieder abgedr. in: Foot, *Virtues and Vices*, S. 157-173. Dt.: »Die Moral als ein System hypothetischer Imperative«, in: *Die Wirklichkeit des Guten*, S. 89-107.
- »Nietzsche: The Revaluation of Values«, in: Solomon, R. (Hg.), *Nietzsche: A Collection of Critical Essays* (s. d.), S. 156-168.
- »Nietzsche's Immoralism«, in: Schacht, R. (Hg.), *Nietzsche, Genealogy, Morality* (s. d.), S. 3-14. Dt.: »Nietzsches Immoralismus«, in: *Die Wirklichkeit des Guten*, S. 128-143.
- »Reasons for Action and Desire«, *Proceedings of the Aristotelian Society* Supp. Vol. 46 (1972), S. 203-210; wieder abgedr. in: Foot, *Virtues and Vices*, S. 148-156.
- »Virtues and Vices«, in: Foot, *Virtues and Vices*, S. 1-18. Dt.: »Tugenden und Laster«, in: *Die Wirklichkeit des Guten*, S. 108-127.
- *Virtues and Vices and Other Essays in Moral Philosophy*, Oxford: Blackwell, 1978.
- (Hg.), *Theories of Ethics*, Oxford: Oxford University Press, 1967.

Gauthier, D., *Morals by Agreement*, Oxford: Clarendon Press, 1986.

Geach, P., »Good and Evil«, *Analysis* 17 (1956), S. 35-42; wieder abgedr. in: Foot, P. (Hg.), *Theories of Ethics* (s. d.), S. 64-73.
- *The Virtues*, Cambridge: Cambridge University Press, 1977.

Gibbard, A., *Wise Choices, Apt Feelings*, Cambridge/Mass.: Harvard University Press, 1990.

Gide, A., *The Immoralist*, übers. v. D. Bussy, New York: A. A. Knopf, 1930. Dt.: *Der Immoralist*, Zürich: Manesse, 2001.

Glover, J., *Humanity*, London: Random House, 1999.

Gollwitzer, H. u. a. (Hg.), *Dying We Live*, übers. v. R. Kuhn, London: Harvill Press, 1956. Dt.: *Du hast mich heimgesucht bei Nacht: Abschiedsbriefe und Aufzeichnungen des Widerstandes 1939-1945*, München: Chr. Kaiser, 1954.

Hardy, T., *Tess of the D'Urbervilles*, Oxford: Oxford University Press, 1983. Dt.: *Tess von den d'Urbervilles: Eine reine Frau*, Stuttgart: Reclam, 1979.

Hare, R. M., *Freedom and Reason*, Oxford: Clarendon Press, 1963. Dt.: *Freiheit und Vernunft*, Frankfurt am Main: Suhrkamp, 1983.
- *The Language of Morals*, Oxford: Clarendon Press, 1952. Dt.: *Die Sprache der Moral*, Frankfurt am Main: Suhrkamp, 1972.
- *Moral Thinking*, Oxford: Clarendon Press, 1981. Dt.: *Moralisches Denken: Seine Ebenen, seine Methoden, sein Witz*, Frankfurt am Main: Suhrkamp, 1992.

– »Objective Prescriptions«, in: Griffiths, P. A. (Hg.), *Ethics* (Royal Institute of Philosophy Supp.; 35), Cambridge: Cambridge University Press, 1993, S. 1-17; wieder abgedr. in: Hare, R. M., *Objective Prescriptions and Other Essays*, Oxford: Clarendon Press, 1999, S. 1-18.
– »Off on the Wrong Foot«, *Canadian Journal of Philosophy* Supp. Vol. 21 (1995), S. 67-77; wieder abgedr. als »Philippa Foot on Subjectivism«, in: Hare, R. M., *Objective Prescriptions and Other Essays*, Oxford: Clarendon Press, 1999, S. 87-95.
Heinaman, R. (Hg.), *Aristotle and Moral Realism*, London: UCL Press, 1995.
Hume, David, *An Enquiry Concerning the Principles of Morals*, hg. v. L. A. Selby-Bigge, Oxford: Clarendon Press, 1936. Dt.: *Eine Untersuchung über die Prinzipien der Moral*, Hamburg: Meiner, 2003.
– *A Treatise of Human Nature*, hg. v. L. A. Selby-Bigge, Oxford: Clarendon Press, 1946. Dt.: *Ein Traktat über die menschliche Natur*, Hamburg: Meiner, 1973.
Hursthouse, R., *On Virtue Ethics*, Oxford: Oxford University Press, 1999.
Hursthouse, R. u. a. (Hg.), *Virtues and Reasons: Philippa Foot and Moral Theory*, Oxford: Clarendon Press, 1995.
Jones, J., *Dostoevsky*, Oxford: Clarendon Press, 1983.
Kant, I., *Foundations of the Metaphysics of Morals*, übers. v. T. K. Abbott, London: Longmans, 1946. Dt.: *Grundlegung zur Metaphysik der Sitten* (Werke in zehn Bänden, hg. v. W. Weischedel, Band 6), Darmstadt: Wissenschaftliche Buchgesellschaft, 1983.
Kaufmann, W., *Nietzsche: Philosopher, Psychologist, Antichrist*, New York: Vintage Press, Random House, 1968. Dt.: *Nietzsche: Philosoph – Psychologe – Antichrist*, Darmstadt: Wissenschaftliche Buchgesellschaft, 1988.
Korsgaard, C., »Skepticism about Practical Reason«, *Journal of Philosophy* 83/1 (1986), S. 5-25.
Kropotkin, P., *Memoirs of a Revolutionist*, New York: Dover, 1971. Dt.: *Memoiren eines Revolutionärs*, Frankfurt am Main: Insel, 1969.
Lawrence, G., »The Rationality of Morality«, in: Hursthouse, R. u. a. (Hg.), *Virtues and Reasons* (s. d.), S. 89-147.
– »Reflection, Practice and Scepticism«, *Pacific Philosophical Quarterly* 74 (1993), S. 289-361.
Locke, J., *An Essay concerning Human Understanding*, hg. v. P. H. Nidditch, Oxford: Clarendon Press, 1975. Dt.: *Über den menschlichen Verstand*, Hamburg: Meiner, 1976.
Macaulay, T. B., *The History of England*, London: J. M. Dent, 1906. Dt.: *Geschichte Englands seit der Thronbesteigung Jakobs II.*, Stuttgart: Metzler, 1850.
Mackie, J., *Ethics: Inventing Right and Wrong*, Harmondsworth: Penguin,

1977. Dt.: *Ethik: Die Erfindung des moralisch Richtigen und Falschen*, Stuttgart: Reclam, 1992.

Malcolm, N., *Ludwig Wittgenstein: A Memoir*, Oxford: Oxford University Press, 1984. Dt.: *Erinnerungen an Wittgenstein*, Frankfurt am Main: Suhrkamp, 1987.

Mann, T., *Nietzsche's Philosophy in the Light of Recent Events*, Washington, D.C.: Library of Congress, 1947. Dt.: *Nietzsches Philosophie im Lichte unserer Erfahrung*, Berlin: Suhrkamp, 1958.

McDowell, J., »Are Moral Requirements Hypothetical Imperatives?«, *Proceedings of the Aristotelian Society* Supp. Vol. 52 (1978), S. 13-29. Dt.: »Sind moralische Forderungen hypothetische Imperative?«, in: McDowell, J., *Wert und Wirklichkeit: Aufsätze zur Moralphilosophie*, Frankfurt am Main: Suhrkamp, 2002, S. 133-155.

– »Eudaimonism and Realism in Aristotle's Ethics«, in: Heinaman, R. (Hg.), *Aristotle and Moral Realism* (s. d.), S. 201-218.

– »The Role of *Eudaimonia* in Aristotle's Ethics«, in: Rorty, A. (Hg.), *Essays on Aristotle's Ethics* (s. d.), S. 359-376. Dt.: »Die Rolle der *eudaimonia* in der Aristotelischen Ethik«, in: *Wert und Wirklichkeit*, S. 107-132.

Mill, J.S., *On Liberty*, London: J.M. Dent, 1920. Dt.: *Über die Freiheit*, Stuttgart: Reclam, 1995.

Millikan, R., *Language, Thought, and Other Biological Categories*, Cambridge/Mass.: MIT Press, 1984.

Moore, G.E., *Principia Ethica*, Cambridge: Cambridge University Press, 1903. Dt.: *Principia Ethica*, Stuttgart: Reclam, 1996.

Nagel, T., *The Possibility of Altruism*, Oxford: Clarendon Press, 1970. Dt.: *Die Möglichkeit des Altruismus*, Bodenheim: Philo, 1998.

Nietzsche, F., *The Gay Science*, übers. v. W. Kaufmann, New York: Vintage Books, 1974. Dt.: *Die fröhliche Wissenschaft* [1882] (Werke: Kritische Gesamtausgabe, hg. v. G. Colli u. M. Montinari, 5. Abt., 2. Bd.), Berlin/New York: de Gruyter, 1973.

– *Human, All Too Human*, übers. v. M. Faber u. S. Lehman, Lincoln: University of Nebraska Press, 1984. Dt.: *Menschliches, Allzumenschliches: Ein Buch für freie Geister*, 1./2. Bd. [1878/1886] (Werke IV, 2/3), Berlin/New York: de Gruyter, 1967.

– *On the Genealogy of Morals*, übers. v. W. Kaufmann, New York: Vintage Books, 1967. Dt.: *Zur Genealogie der Moral* [1887] (Werke VI, 2), Berlin/New York: de Gruyter, 1968.

– *The Portable Nietzsche*, hg. v. W. Kaufmann, New York: Viking, 1954.

– *Thus Spoke Zarathustra*, übers. v. W. Kaufmann, in Nietzsche, *The Portable Nietzsche*, S. 121-439. Dt.: *Also sprach Zarathustra: Ein Buch für Alle und Keinen* [1883] (Werke VI, 1), Berlin/New York: de Gruyter, 1968.

– *Twilight of Idols*, übers. v. W. Kaufmann, in Nietzsche, *The Portable Nietzsche*, S. 464-563. Dt.: *Götzendämmerung oder Wie man mit dem Hammer philosophirt* [1889] (Werke VI, 3), Berlin/New York: de Gruyter, 1969.

Nijinsky, R., *Nijinsky*, New York: Simon & Schuster, 1972. Dt.: *Nijinsky, der Gott des Tanzes*, Frankfurt am Main: Insel, 1982.

Parfit, D., *Reasons and Persons*, Oxford: Oxford University Press, 1984.

Plato, *Gorgias*, übers. v. W. Lamb, Cambridge/Mass.: Harvard University Press, 1991. Gr./dt.: *Gorgias* (Werke, hg. v. G. Eigler; Bd. 2), Darmstadt: Wissenschaftliche Buchgesellschaft, 1990.

– *Republic*, übers. v. P. Shorey, Cambridge/Mass.: Harvard University Press, 1930. Gr./dt.: *Politeia* (Werke, Bd. 4), Darmstadt: Wissenschaftliche Buchgesellschaft, 1990.

Prichard, H. A., *Duty and Interest*, Oxford: Clarendon Press, 1928; wieder abgedr. in: Prichard, *Moral Obligation*, Oxford: Oxford University Press, 1968, S. 201-238.

Quinn, W., »Putting Rationality in its Place«, in: Quinn, W., *Morality and Action*, Cambridge: Cambridge University Press, 1993, S. 228-255.

– »Rationality and the Human Good«, in: Quinn, W., *Morality and Action*, S. 210-27.

Rorty, A. (Hg.), *Essays on Aristotle's Ethics*, Berkeley: University of California Press, 1980.

Roseberry, A. P. P., *Pitt*, London: Macmillan, 1891.

Salaquarda, J., »Nietzsche and the Judaeo-Christian Tradition«, in: Magnus, B.; Higgins, K. M. (Hg.), *The Cambridge Companion to Nietzsche*, Cambridge: Cambridge University Press, 1996, S. 90-118.

Schacht, R. (Hg.), *Nietzsche, Genealogy, Morality*, Berkeley: University of California Press, 1994.

Sen, A., »Utilitarianism and Welfarism«, *Journal of Philosophy* 76/9 (1979), S. 463-489.

Smith, M., »The Humean Theory of Motivation«, *Mind* 96 (1987), S. 36-61. Dt.: »Die humeanische Theorie der Motivation«, in: Stoecker, R. (Hg.), *Handlungen und Handlungsgründe*, Paderborn: Mentis, 2002, S. 125-156.

Solomon, R. (Hg.), *Nietzsche: A Collection of Critical Essays*, New York: Anchor Press/Doubleday, 1973.

Statman, D. (Hg.), *Virtue Ethics*, Edinburgh: Edinburgh University Press, 1997.

Stein, G., »The Good Anna«, in: Stein, G., *Three Lives*, New York: Penguin, 1990. Dt.: Stein, G., »Die gute Anna«, in: Stein, G., *Drei Leben: Erzählungen*, Frankfurt am Main: Luchterhand, 1993, S. 13-97.

Stern, J., *Friedrich Nietzsche*, New York: Penguin, 1979.

Stevenson, C. L., *Ethics and Language*, New Haven, Conn.: Yale University Press, 1945.

Taurek, J., »Should the Numbers Count?«, *Philosophy and Public Affairs* 6/4 (1977), S. 293-316.

Thompson, M., »The Representation of Life«, in: Hursthouse, R. u. a. (Hg.), *Virtues and Reasons* (s. d.), S. 247-269.

Watson, G., »On the Primacy of Character«, in: Statman, D. (Hg.), *Virtue Ethics* (s. d.), S. 56-81.

Wiggins, D., »Eudaimonism and Realism in Aristotle's Ethics: A Reply to John McDowell«, in: Heinaman, R. (Hg.), *Aristotle and Moral Realism* (s. d.), S. 219-231.

– »A Sensible Subjectivism?«, in: Wiggins, D., *Needs, Values, Truth* (Aristotelian Society Series; 6), Oxford: Blackwell, 1987, S. 185-214.

– »Postscript 4«, in: Wiggins, D., *Needs, Values, Truth*, S. 351-356.

Williams, B., *Ethics and the Limits of Philosophy*, London: Fontana/Collins, 1985. Dt.: *Ethik und die Grenzen der Philosophie*, Hamburg: Rotbuch, 1999.

– »Nietzsche's Minimalist Moral Psychology«, in: Schacht, R. (Hg.), *Nietzsche, Genealogy, Morality* (s. d.), S. 237-247.

Wittgenstein, L., *Philosophical Investigations*, Oxford: Blackwell, 1953. Dt.: *Philosophische Untersuchungen* (Werkausgabe, Bd. 1) Frankfurt am Main: Suhrkamp, 1984.

– *Remarks on the Philosophy of Psychology*, Oxford: Blackwell, 1980. Dt.: *Bemerkungen über die Philosophie der Psychologie* (Werkausgabe, Bd. 7), Frankfurt am Main: Suhrkamp, 1984.

Index

›Ethik und Moralphilosophie‹ im Suhrkamp Verlag Eine Auswahl

Karl-Otto Apel

- Auseinandersetzungen in Erprobung des transzendentalpragmatischen Ansatzes. 866 Seiten. Gebunden
- Diskurs und Verantwortung. Das Problem des Übergangs zur postkonventionellen Moral. stw 893. 488 Seiten
- Transformation der Philosophie
  Band I: Sprachanalytik, Semiotik, Hermeneutik. stw 164. 378 Seiten
  Band II: Das Apriori der Kommunikationsgemeinschaft. stw 165. 446 Seiten

Reflexion und Verantwortung. Auseinandersetzungen mit Karl-Otto Apel. Herausgegeben von Dietrich Böhler und Matthias Kettner. stw 1618. 448 Seiten

Karl-Otto Apel/Matthias Kettner (Hg.). Zur Anwendung der Diskursethik in Politik, Recht und Wissenschaft. stw 999. 372 Seiten

Seyla Benhabib. Selbst im Kontext. Kommunikative Ethik im Spannungsfeld von Feminismus, Kommunitarismus und Postmoderne. Übersetzt von Isabella König. Gender Studies. es 1725. 340 Seiten

Bioethik. Eine Einführung. Herausgegeben von Klaus Steigleder und Marcus Düwell. stw 1597. 464 Seiten

Gernot Böhme. Ethik im Kontext. Über den Umgang mit ernsten Fragen. es 2025. 240 Seiten

NF 133/1/4.06

Pierre Bourdieu. Die männliche Herrschaft. Übersetzt von Jürgen Bolder. 211 Seiten. Leinen

Hauke Brunkhorst/Wolfgang R. Köhler/Matthias Lutz-Bachmann (Hg.). Recht auf Menschenrechte. Demokratie und internationale Politik. stw 1441. 352 Seiten

Judith Butler. Kritik der ethischen Gewalt. Übersetzt von Reiner Ansén. 144 Seiten. Kartoniert

Wolfgang Edelstein/Gertrud Nunner-Winkler. Moral im sozialen Kontext. stw 1470. 512 Seiten

Martin Endreß (Hg.). Zur Grundlegung einer integrativen Ethik. Für Hans Krämer. stw 1205. 259 Seiten

Philippa Foot. Die Natur des Guten. Übersetzt von Michael Reuter. 162 Seiten. Gebunden

Rainer Forst. Toleranz im Konflikt. Geschichte, Gehalt und Gegenwart eines umstrittenen Begriffs. stw 1682. 808 Seiten

Harry G. Frankfurt. Gründe der Liebe. Übersetzt von Martin Hartmann. 112 Seiten. Kartoniert

Josef Früchtl. Ästhetische Erfahrung und moralisches Urteil. Eine Rehabilitierung. 519 Seiten. Gebunden

Stefan Gosepath. Gleiche Gerechtigkeit. Grundlagen eines liberalen Egalitarismus. stw 1665. 508 Seiten

Günther Grewendorf/Georg Meggle (Hg.). Seminar: Sprache und Ethik. Zur Entwicklung der Metaethik. stw 91. 354 Seiten

NF 133/2/4.06

Jürgen Habermas
- Erläuterungen zur Diskursethik. stw 975. 229 Seiten
- Moralbewußtsein und kommunikatives Handeln. stw 422. 208 Seiten
- Theorie des kommunikativen Handelns. Zwei Bände. Band I: Handlungsrationalität und gesellschaftliche Rationalisierung. Band II: Zur Kritik der funktionalistischen Vernunft. Leinen und stw 1175. Zusammen 1167 Seiten
- Vorstudien und Ergänzungen zur Theorie des kommunikativen Handelns. Leinen und stw 1176. 606 Seiten
- Die Zukunft der menschlichen Natur. Auf dem Wege zur liberalen Eugenik? stw 1744. 164 Seiten

R. M. Hare. Die Sprache der Moral. Übersetzt von Petra von Morstein. stw 412. 243 Seiten

Dieter Henrich. Ethik zum nuklearen Frieden. 322 Seiten. Leinen

Otfried Höffe
- Ethik und Politik. Grundmodelle und -probleme der praktischen Philosophie. stw 266. 489 Seiten
- Medizin ohne Ethik? Standpunkte. es 2245. 272 Seiten
- Moral als Preis der Moderne. Ein Versuch über Wissenschaft, Technik und Umwelt. stw 1046. 312 Seiten
- Strategien der Humanität. Zur Ethik öffentlicher Entscheidungsprozesse. Mit einem neuen Nachwort. stw 540. 373 Seiten

Norbert Hoerster. Sterbehilfe im säkularen Staat. stw 1377. 193 Seiten

Axel Honneth
- Das Andere der Gerechtigkeit. Aufsätze zur praktischen Philosophie. stw 1491. 340 Seiten

NF 133/3/4.06

- Kampf um Anerkennung. Zur moralischen Grammatik sozialer Konflikte. stw 1129. 341 Seiten
- Die zerrissene Welt des Sozialen. Sozialphilosophische Aufsätze. Erweiterte Ausgabe. stw 849. 279 Seiten

Axel Honneth/Nancy Fraser. Umverteilung oder Anerkennung? Eine politisch-philosophische Kontroverse. stw 1460. 320 Seiten

Axel Honneth/Hans Joas (Hg.). Kommunikatives Handeln. Beiträge zu Jürgen Habermas' »Theorie des kommunikativen Handelns«. stw 625. 420 Seiten

Christoph Horn/Nico Scarano (Hg.). Philosophie der Gerechtigkeit. Texte von der Antike bis zur Gegenwart. stw 1563. 512 Seiten

Detlef Horster (Hg.). Weibliche Moral – ein Mythos? stw 1376. 231 Seiten

Vladimir Jankélévitch. Das Verzeihen. Essays zur Moral- und Kulturphilosophie. Herausgegeben von Ralf Konersmann. Übersetzt von Claudia Brede-Konersmann. Mit einem Vorwort von Jürg Altwegg. 292 Seiten. Gebunden. stw 1731. 294 Seiten

Hans Joas. Die Entstehung der Werte. stw 1416. 321 Seiten

Hans Jonas. Das Prinzip Verantwortung. Versuch einer Ethik für die technologische Zivilisation. st 1085. 426 Seiten

Matthias Kettner (Hg.). Angewandte Ethik als Politikum. stw 1458. 416 Seiten

NF 133/4/4.06

Lawrence Kohlberg. Die Psychologie der Moralentwicklung. Herausgegeben von Wolfgang Althof unter Mitarbeit von Gil Noam und Fritz Oser. stw 1232. 564 Seiten

Hans Krämer. Integrative Ethik. stw 1204. 427 Seiten

Angelika Krebs. Arbeit und Liebe. Die philosophischen Grundlagen sozialer Gerechtigkeit. stw 1564. 336 Seiten

Angelika Krebs (Hg.)
- Gleichheit oder Gerechtigkeit? Texte der neuen Egalitarismuskritik. stw 1495. 224 Seiten
- Naturethik. Grundtexte der gegenwärtigen tier- und ökoethischen Diskussion. stw 1262. 402 Seiten

Niklas Luhmann/Stephan H. Pfürtner (Hg.). Theorietechnik und Moral. stw 206. 267 Seiten

Niklas Luhmann/Robert Spaemann. Paradigm lost: Über die ethische Reflexion der Moral. Rede von Niklas Luhmann anläßlich der Verleihung des Hegel-Preises 1989. Laudatio von Robert Spaemann: Niklas Luhmanns Herausforderung der Philosophie. stw 797. 73 Seiten

Alasdair C. MacIntyre. Der Verlust der Tugend. Zur moralischen Krise der Gegenwart. Übersetzt von Wolfgang Riehl. stw 1193. 381 Seiten

John McDowell. Wert und Wirklichkeit. Aufsätze zur Moralphilosophie. Mit einer Einleitung von Axel Honneth und Martin Seel. Übersetzt von Joachim Schulte.
238 Seiten. Gebunden

NF 133/5/4.06

Karl Menger. Moral, Wille und Weltgestaltung. Grundlegung zur Logik der Sitten. Herausgegeben und eingeleitet von Uwe Czaniera. stw 1286. 210 Seiten

Christoph Menke. Spiegelungen der Gleichheit. Politische Philosophie nach Adorno und Derrida. stw 1663. 330 Seiten

Susan Neiman. Das Böse denken. Eine andere Geschichte der Philosophie. Übersetzt von Christiana Goldmann. 490 Seiten. Gebunden und st 3735. 489 Seiten

Julian Nida-Rümelin. Ethische Essays. stw 1565. 471 Seiten

Martha C. Nussbaum. Gerechtigkeit oder Das gute Leben. Herausgegeben von Herlinde Pauer-Studer. Gender Studies. Übersetzt von Ilse Utz. es 1739. 320 Seiten

Herlinde Pauer-Studer. Autonom leben. Reflexionen über Freiheit und Gleichheit. stw 1496. 293 Seiten

Herlinde Pauer-Studer (Hg.). Konstruktionen praktischer Vernunft. Philosophie im Gespräch. es 2181. 304 Seiten

John Rawls
- Gerechtigkeit als Fairneß. Ein Neuentwurf. Herausgegeben von Erin Kelly. Übersetzt von Joachim Schulte. 316 Seiten. Gebunden und stw 1804
- Geschichte der Moralphilosophie. Hume, Leibniz, Kant, Hegel. Herausgegeben von Barbara Herman. Übersetzt von Joachim Schulte. 488 Seiten. Gebunden. stw 1726. 486 Seiten
- Eine Theorie der Gerechtigkeit. Übersetzt von Hermann Vetter. stw 271. 674 Seiten

NF 133/6/4.06

Thomas Rentsch. Die Konstitution der Moralität. Transzendentale Anthropologie und praktische Philosophie. stw 1421. 380 Seiten

Johannes Rohbeck. Technologische Urteilskraft. Zu einer Ethik technischen Handelns. stw 1112. 312 Seiten

Christoph Sachße/H. Tristam Engelhardt (Hg.). Sicherheit und Freiheit. Zur Ethik des Wohlfahrtsstaates. stw 911. 360 Seiten

Moritz Schlick. Fragen der Ethik. Herausgegeben und eingeleitet von Rainer Hegselmann. stw 477. 208 Seiten

Wilhelm Schmid. Auf der Suche nach einer neuen Lebenskunst. Die Frage nach dem Grund und die Neubegründung der Ethik bei Foucault. stw 1487. 466 Seiten

Gerhard Schönrich. Bei Gelegenheit Diskurs. Von den Grenzen der Diskursethik und dem Preis der Letztbegründung. stw 1111. 187 Seiten

Gunter Scholtz. Ethik und Hermeneutik. Schleiermachers Grundlegung der Geisteswissenschaften. stw 1191. 326 Seiten

Oswald Schwemmer. Ethische Untersuchungen. Rückfragen zu einigen Grundbegriffen. stw 599. 221 Seiten

Martin Seel. Versuch über die Form des Glücks. Studien zur Ethik. Gebunden und stw 1445. 365 Seiten

Ludwig Siep. Konkrete Ethik. mannigfaltigkeit, Natürlichkeit, Gerechtigkeit. stw 1664. 384 Seiten

NF 133/7/4.06

Marcus George Singer. Verallgemeinerung in der Ethik. Zur Logik moralischen Argumentierens. Übersetzt von Claudia Langer und Brigitte Wimmer. 420 Seiten. Leinen

Holmer Steinfath. Orientierung am Guten. stw 1531. 496 Seiten

Holmer Steinfath (Hg.). Was ist ein gutes Leben? Philosophische Reflexionen. stw 1323. 260 Seiten

Ernst Tugendhat
- Aufsätze 1992-2000. stw 1535. 272 Seiten
- Ethik und Politik. es 1714. 144 Seiten
- Vorlesungen über Ethik. Gebunden und stw 1100. 399 Seiten

Albrecht Wellmer. Ethik und Dialog. Elemente des moralischen Urteils bei Kant und in der Diskursethik. stw 578. 224 Seiten

Reiner Wimmer. Universalisierung in der Ethik. Analyse, Kritik und Rekonstruktion ethischer Rationalitätsansprüche. 465 Seiten. Leinen

Lutz Wingert. Gemeinsinn und Moral. Grundzüge einer intersubjektivistischen Moralkonzeption. 365 Seiten. Gebunden

Ludwig Wittgenstein. Vortrag über Ethik. Und andere kleine Schriften. Herausgegeben und übersetzt von Joachim Schulte. stw 770. 142 Seiten

Georg Henrik von Wright. Normen, Werte und Handlungen. 259 Seiten. Gebunden

NF 133/8/4.06

Philosophie des Geistes im Suhrkamp Verlag

Anatomie der Subjektivität. Bewußtsein, Selbstbewußtsein und Selbstgefühl. Herausgegeben von Thomas Grundmann, Frank Hofmann, Catrin Misselhorn, Violetta L. Waibel und Véronique Zanetti. stw 1735. 496 Seiten

Wolfgang Barz. Die Transparenz des Geistes. stw 2034. 400 Seiten

Bewußtsein. Philosophische Beiträge. Herausgegeben von Sybille Krämer. stw 1240. 250 Seiten

Susan Blackmore. Gespräche über Bewußtsein. Aus dem Englischen von Frank Born. Mit einem Glossar. Gebunden und stw 2023. 380 Seiten.

Robert B. Brandom
- Expressive Vernunft. Aus dem Amerikanischen von Eva Gilmer und Hermann Vetter. 1014 Seiten. Gebunden
- Begründen und Begreifen. Eine Einführung in den Inferentialismus. Aus dem Amerikanischen von Eva Gilmer. Gebunden und stw 1689. 264 Seiten

Donald Davidson
- Dialektik und Dialog. Rede anläßlich der Verleihung des Hegel-Preises 1992. stw 1080. 101 Seiten
- Handlung und Ereignis. Aus dem Amerikanischen von Joachim Schulte. Gebunden und stw 895. 421 Seiten
- Probleme der Rationalität. Vorwort von Marcia Cavell. Aus dem Amerikanischen von Joachim Schulte. 445 Seiten. Gebunden

NF 165/1/8.12

- Subjektiv, intersubjektiv, objektiv. Aus dem Amerikanischen von Joachim Schulte. 382 Seiten. Gebunden
- Wahrheit und Interpretation. Herausgegeben von Dieter Henrich und Niklas Luhmann. Aus dem Amerikanischen von Joachim Schulte. stw 896. 408 Seiten
- Wahrheit, Sprache und Geschichte. Aus dem Amerikanischen von Joachim Schulte. 514 Seiten. Gebunden

Donald Davidson / Richard Rorty. Wozu Wahrheit? Eine Debatte. Herausgegeben und mit einem Nachwort von Mike Sandbothe. stw 1691. 353 Seiten

Daniel C. Dennett. Süße Träume. Die Erforschung des Bewußtseins und der Schlaf der Philosophie. Aus dem Amerikanischen von Gerson Reuter. 216 Seiten. Gebunden

Farben. Betrachtungen aus Philosophie und Naturwissenschaften. Herausgegeben von Stefan Glasauer und Jakob Steinbrenner. stw 1825. 370 Seiten

Manfred Frank. Ansichten der Subjektivität. stw 2021. 420 Seiten

Gene, Meme und Gehirne. Geist und Gesellschaft als Natur. Eine Debatte. Herausgegeben von A. Becker, C. Mehr, H. H. Nau, G. Reuter und D. Stegmüller. stw 1643. 336 Seiten

Andrea Kern. Quellen des Wissens. Zum Begriff vernünftiger Erkenntnisfähigkeit. stw 1786. 385 Seiten

Ruth Garrett Millikan
- Biosemantik. Sprachphilosophische Aufsätze. Aus dem Amerikanischen von Alex Burri. stw 1979. 205 Seiten

NF 165/2/8.12

- Die Vielfalt der Bedeutung. Zeichen, Ziele und ihre Verwandtschaft. Aus dem Amerikanischen von Hajo Greif. stw 1829. 330 Seiten

Thomas Nagel. Der Blick von nirgendwo. Aus dem Amerikanischen von Michael Gebauer. stw 2035. 418 Seiten

Martine Nida-Rümelin. Der Blick von innen. Zur transtemporalen Identität bewusstseinsfähiger Wesen. stw 1787. 357 Seiten

Philosophie und Neurowissenschaften. Herausgegeben von Dieter Sturma. stw 1770. 266 Seiten

Hilary Putnam
- Repräsentation und Realität. Übersetzt von Joachim Schulte. stw 1394. 220 Seiten
- Vernunft, Wahrheit und Geschichte. Aus dem Amerikanischen von Joachim Schulte. stw 853. 294 Seiten

Sebastian Rödl
- Kategorien des Zeitlichen. Eine Untersuchung der Formen des endlichen Verstands. stw 1748. 215 Seiten
- Selbstbewußtsein. stw 1992. 264 Seiten.

Richard Rorty. Der Spiegel der Natur. Eine Kritik der Philosophie. Aus dem Amerikanischen von Michael Gebauer. stw 686. 438 Seiten

Jürgen Schröder. Einführung in die Philosophie des Geistes. stw 1671. 400 Seiten

John R. Searle
- Freiheit und Neurobiologie. Aus dem Amerikanischen von Jürgen Schröder. Kartoniert. 96 Seiten

NF 165/3/8.12

- Geist. Eine Einführung. Aus dem Amerikanischen von Sibylle Salewski. 324 Seiten. Gebunden
- Geist, Sprache und Gesellschaft. Philosophie der wirklichen Welt. Aus dem Amerikanischen von Harvey P. Gavagai. stw 1670. 192 Seiten
- Intentionalität. Eine Abhandlung zur Philosophie des Geistes. Aus dem Amerikanischen von Harvey P. Gavagai. stw 956. 353 Seiten
- Die Konstruktion der gesellschaftlichen Wirklichkeit. Zur Ontologie sozialer Tatsachen. Aus dem Amerikanischen von Martin Suhr. stw 2005. 248 Seiten
- Wie wir die soziale Welt machen. Die Struktur der menschlichen Zivilisation. Aus dem Amerikanischen von Joachim Schulte. 351 Seiten. Gebunden

Selbstbewußtseinstheorien von Fichte bis Sartre. Herausgegeben und mit einem Nachwort versehen von Manfred Frank. stw 964. 599 Seiten

Michael Tomasello
- Die kulturelle Entwicklung des menschlichen Denkens. Zur Evolution der Kognition. Aus dem Englischen von Jürgen Schröder. stw 1827. 307 Seiten
- Die Ursprünge der menschlichen Kommunikation. Aus dem Amerikanischen von Jürgen Schröder. Mit Abbildungen. stw 2004. 410 Seiten

Matthias Vogel. Medien der Vernunft. Eine Theorie des Geistes und der Rationalität auf Grundlage einer Theorie der Medien. stw 1556. 427 Seiten

Wissen zwischen Entdeckung und Konstruktion. Erkenntnistheoretische Kontroversen. Herausgegeben von Matthias Vogel und Lutz Wingert. stw 1591. 328 Seiten

NF 165/4/8.12